ATHOS
LA MONTAÑA SANTA

IGNACIO DE LA TORRE

ATHOS
LA MONTAÑA SANTA

EDITORIAL DILEMA
MADRID 2024

Publicado por:
Editorial Dilema
Ibáñez Marín, 11
28019-MADRID
Teléfonos: 91 472 9071 / 91 548 0954
info@editorialdilema.com
www.editorialdilema.com

Diseño de Portada: María Pérez-Aguilera - mariap.aguilera@gmail.com
Imagen de la cubierta: Fachada occidental del monasterior de Xenophontos
vista desde el mar. Autor: Juan José Brugera
Maquetación: JMPG - jmpg731@gmail.com
ISBN: 978-84-9827-670-1
Depósito Legal: M-13150-2024

A mi amigo Juanjo Brugera, y a su ortodoxo humanismo

Índice

Agradecimientos

Mi viaje a Athos no hubiera sido posible sin Juanjo Brugera. El mejor agradecimiento que puedo hacerle es dedicarle mi libro. Siempre le he apreciado y admirado. Su carismático amigo Miguel me dedicó pacientes conversaciones para que, poco a poco, me acercara a su querido mundo de los iconos. Atanasio organizó nuestro viaje, actuó como intérprete, como guía y como conductor. Su candor, y su impagable conocimiento de la historia athonita, de la vida monacal y de la cultura clásica fueron imprescindibles para poner en contexto la información que nos iban proporcionando los monjes. Los higúmenos (abades) de los monasterios de Hilandar, de Iviron y de Xenophontos nos recibieron amablemente y respondieron a todo tipo de preguntas. También nos atendió el Protos[1], o "gobernante" de Athos, un fascinante personaje que conocimos en la capital, Karyes. Tuvimos además la ocasión de entrevistar a un teólogo (Vasilios) a un famoso pintor (Lucas) y a un encuadernador, los tres se mostraron abiertos a compartir sus vidas con nosotros. Por último, mi agradecimiento a los anónimos monjes que nos alojaron gratuitamente, nos dieron de comer y cuidaron para que nuestra estancia fuera lo más placentera posible, estancia enmarcada en una mistérica tradición de más de mil años.

---

[1] También denominado "Protathos".

Prólogo

Prologar un libro sobre un viaje a Athos es para mí un motivo de gran satisfacción. Si además el libro lo ha escrito Ignacio de la Torre, y se trata de un viaje que organizamos conjuntamente, más la valiosa colaboración del otro acompañante, Miquel Gallés, entenderá el lector que se trata de una especie de complot, que merece una explicación que haga compartir la experiencia.

Como muchos conocen, Ignacio es historiador además de economista. En lo segundo se ha ido labrando una magnífica reputación, siendo por ello bien conocido en los medios económicos y empresariales de nuestro país. En lo primero, la historia, se mueve a muy buen nivel. Su área de interés se centra en las civilizaciones mediterráneas medievales, de las que lleva un gran bagaje y la autoría de varios libros. En mi caso, la afición por la Europa Oriental, Bizancio y en general ese mundo, que me resulta interesante y diferente, me ha llevado a numerosos viajes por el mundo eslavo, griego y confines del antiguo mundo cristiano, Armenia, Georgia, etc.

Siendo así las cosas, es normal que en encuentros entre ambos, hayamos derivado hacia cuestiones históricas, después de liquidar nuestros comunes temas habituales de la economía, mercado, coyunturas y entorno. Que además están en el origen y causa de nuestra amistad. Así, en uno de nuestros encuentros, Ignacio me espetó: "me gustaría conocer Athos, es una asignatura pendiente". Resulta que él no sabía, o no recordaba, que he estado en Athos unas diez veces, y que yo quería volver. Así surgió el viaje, que, junto con Miquel, realizamos en junio de 2023. Hay que mencionar que una de las condiciones que le impusimos a Ignacio por llevarlo a Athos, fue que luego escribiese un libro sobre esta experiencia. Y así, este escrito es el pago de la deuda asumida.

Vistos los antecedentes, vamos al tema principal, ¿qué tiene de especial visitar el Estado Monástico Autónomo de Athos? Vamos a argumentar brevemente algunas respuestas. Está situado en una de las penínsulas de la Calcídica griega, al noroeste del país, concretamente la tercera, la más oriental. Presenta una longitud de unos setenta y cuatro kilómetros de largo por unos doce o catorce kilómetros de ancho. En la parte opuesta del istmo, se encuentra el pico del monte Athos que alcanza los 2.033 m, visible desde muchas millas allende por el Egeo. Geográficamente muestra una singularidad relevante, también si añadimos la vegetación mediterránea, junto con playas y acantilados que conforman un lugar de gran belleza.

En el territorio de Athos, se encuentran veinte monasterios cristianos ortodoxos, siendo el más antiguo el de la Gran Lavra de San Atanasi, fundado en el siglo X, todos ellos griegos, excepto uno búlgaro, otro serbio y un tercero ruso. Cada monasterio es un gran conjunto amurallado, con torre de defensa y edificios sobre las murallas. En el centro del conjunto sobresalen las cúpulas de la iglesia, el *katolikon*.

Los monasterios y algunas edificaciones cercanas, *skytes*, constituyen un conjunto monacal único en el mundo. Impresiona al visitante el perfecto estado de mantenimiento de las edificaciones, y lo más impactante es que todo está en funcionamiento y que la vida monacal, se desarrolla con dinamismo y como marcan las reglas ancestrales (los *typikon*) de cada uno. Viven unos dos mil doscientos monjes en todo Athos, gran parte de ellos jóvenes, lo que es buena muestra de la vitalidad del cristianismo ortodoxo.

La peculiar forma de gobierno de esta autonomía de Grecia, recogida en la constitución nacional de 1921, y después respetada por la UE tras la adhesión griega, es otro motivo de interés. Tengamos en cuenta que en este territorio no rige la libre circulación de personas. Se accede a voluntad de las autoridades de Athos y siempre con la condición de peregrino, con la peculiaridad de que el permiso está vetado a las mujeres desde hace 1.000 años.

Recomiendo la visita a los hombres con alguna sensibilidad espiritual, y no a los curiosos de lo esotérico, para respetar y cumplir con la hospitalidad de los monjes que te acogen. Los monasterios presentan un conjunto monumental de arte bizantino; iglesias, refectorios, frescos, iconos, bibliotecas, lugares donde además todo está vivo y en funcionamiento, orientado a la celebración litúrgica y al recogimiento.

De todo esto, historia, monasterios, arte, ortodoxia, gobierno, normas constitucionales, el conjunto atonita confirma un lugar único en Europa, que funciona hoy de manera normal después de siglos de historia y tradición religiosa.

Recomiendo pues vivamente la lectura del libro de Ignacio que describe con acierto y rigor todo el universo atonita. Existe muy poca literatura del tema, y de autores españoles creo que ninguna. Otro mérito de este escrito.

Ignacio tu compromiso lo has cumplido con creces.

Juan José Brugera

Introducción

En 1999 estaba terminando mi doctorado. Mi tutor, Julián Donado, dirigía una asignatura sobre el "Asia medieval vista por los viajeros occidentales". Para completarla, yo tenía que realizar un trabajo sobre un relato escrito por un europeo que hubiera viajado por Asia, preferiblemente anterior al de Marco Polo de principios del siglo XIV. Opté por el del franciscano Guillermo de Rubruck, quien a mediados del siglo XIII fue comisionado por el rey de Francia San Luis para, a pesar de sus 60 años, dirigirse a la corte del gran Jan[1] en Karakorum (actual Uzbekistán)[2]. Le solicité a mi tutor si podía además comparar dicho relato con el del famoso viajero marroquí Ibn Batutta, quien, entre finales del siglo XIII y principios del XIV, atravesó durante más de treinta años desde Marruecos hasta la India, relato que se publicó en castellano con el título *A través del Islam*[3]. En el estudio intenté comparar la mentalidad de un viajero

---

[1] Se pronuncia como "Jan" según la consonante española. En inglés, "Khan", de ahí la transcripción a veces más usual de "Kan", aunque no sea la más correcta.

[2] Los relatos de estos viajeros occidentales anteriores a Marco Polo figuran en el libro *En demanda del Gran Kan*, Alianza Editorial, 1995.

[3] Alianza Editorial, 2005. Resulta muy interesante cómo Batutta describe, posiblemente por última vez, el gran Faro de Alejandría, una de las siete maravillas del mundo antiguo, del siglo III a. c. que fue destruido en 1323 por un terremoto, de forma que en su viaje de vuelta el autor ya no puede encontrarlo.

occidental y la de uno musulmán al chocarse con la inmensidad del Asia medieval[4].

Julián unía el amor a la historia con la pasión por los viajes. Nunca perdía una oportunidad para recorrer el mundo. Como Profesor de la UNED se le presentaban muchas ocasiones, y no las desaprovechaba. Ese año de 1999 me comentó que había recorrido el monte Athos, invitado por alguna institución académica. Yo entonces no conocía ese lugar, y pregunté por él. Recuerdo un tiempo en su despacho en el que me comentó la particular configuración histórica y jurídica de dicha península.

Desde entonces, Athos estuvo en mi memoria.

Veinticinco años después conocí a Juanjo Brugera. Ambos coincidimos a través del sector inmobiliario. En 2012, la gran crisis inmobiliaria y financiera había azotado a España con especial virulencia, en parte por nuestros excesos, pero el castigo sufrido desde 2007 en los precios de los activos parecía excesivo. Esos meses la prima de riesgo de España se situaba en niveles más altos (peor) que los de Egipto, a pesar de que el primer país se sustentaba en una democracia liberal con una clase media proporcionalmente más representativa que la de la no democrática Egipto. Desde ese año defendí una serie de ideas en unos informes ante la comunidad financiera, ideas que intentaban explicar cómo la caída de precios de los activos había exagerado la situación, e ideas de las que se colegía que los mercados inmobiliario y financiero españoles, tan castigados durante la crisis, podrían ser grandes oportunidades de inversión.

---

[4] Aún recuerdo el vívido relato de cómo Ibn Batutta, en la India, contempla un "sati" o ceremonia en la que la viuda de un difunto indio se auto inmola en una hoguera para seguir a su marido a la otra vida. Batutta interroga a la viuda sacrificada, una guapa y joven mujer india por su motivación, y ella responde sonriendo que es su deber. Cuando se arroja a la hoguera, Batutta pierde el conocimiento. En su momento pensé que el relato del "sati" de Verne en *La vuelta al mundo en 80 días* estaba profundamente inspirado en el de Batutta; aparte, la idea también reflejada por Verne de que al viajar hacia el este se ganaba un día al reloj proviene del cuento de Edgar Allan Poe "Tres domingos por semana" y la idea de Poe, posiblemente del diario de navegación de Elcano, quien se da cuenta del fenómeno de "ganar un día" al llegar a una base africana de Portugal, un poco antes de completar su circunnavegación en 1523.

Con todo, mis primeras conversaciones con Juanjo muy pronto abandonaron los ladrillos y las finanzas, y se centraron en nuestro común amor por la historia. Entre puros, discurrimos muchas veces sobre las cruzadas, sobre Bizancio y sobre el cristianismo oriental. En unas jornadas que pasé en el *Christ College* de Oxford dispuse de un rato para visitar una librería en la que me pude hacer con unos libros sobre Bizancio, libros que envié a Juanjo. Él me correspondió con otros sobre Armenia y sobre los godos de Alarico. En nuestros encuentros acabamos discurriendo sobre Athos, monte que recorrimos muchas veces en nuestras imaginaciones. En realidad, Juanjo había estado muchas veces en el monte Athos. Yo, solo en mis ideas.

Un día que me encontraba en casa teletrabajando Juanjo me llamó y me dijo: "¿estás preparado para emociones fuertes?", yo contesté: "siempre". Él me anunció "nos vamos a Athos; hemos hecho relación con un amigo griego que representa a la comunidad de Athos en Tesalónica a través del centro Athos, y tenemos la oportunidad de viajar allí de una forma casi oficial. Solo te propongo un pacto: que a cambio de venir a tan singular viaje escribas un libro sobe Athos. Existen libros conocidos sobre la península en inglés, en francés, en italiano, en ruso... pero hasta la fecha no hay ninguno escrito por un español. El tuyo sería el primero".

Yo acepté encantado.

La bibliografía de viaje al monte Athos es variada[5]. Uno de los más antiguos relatos de viajes (en idiomas europeos occidentales) a la península corresponde a un español de nombre desconocido, dentro del relato *Viaje a Turquía*, de 1558, obra dedicada a Felipe II[6]. Los capítulos XI y XI comprenden la descripción del viaje al santo monte[7]. Uno de sus personajes, Pedro, había pasado muchos años

---

[5] En la sección de bibliografía se citan los diferentes libros o relatos.

[6] Existe una edición de 1980 del *Viaje a Turquía*, de Fernando García de Salinero.

[7] Ljiljana Pauvolic-Samurovic, profesora de la Universidad de Belgrado, analiza este texto en su artículo. "Lo documental y lo ficcional en la descripción del Monte Athos en el *Viaje a Turquía* (1558)".

como prisionero de los turcos, cautiverio del que consigue escapar desde Athos vestido como monje ortodoxo. Pedro define así Athos en el castellano de su siglo:

> Un monte que terna quasi tres jornadas buenas, y es quasi isla, porque por las tres partes le bate el mar, en el qual hay veinte y dos monasterios de fraires, y ningún pueblo hay en él, ni vive otra jente ni puede entrar muger, ni hay en todo él hembra ninguna de ningún género de animal; a este monte son sus peregrinajes como acá Santiago[8].

Pedro encuentra refugio entre los monjes serbios de Hilandar (uno de los monasterios descritos en este libro). En total, Pedro recorre siete monasterios. Sorprendentemente, consigue escapar hacia España a través del monasterio ruso de San Pantaleón, tras lo cual vuelve a reencontrarse con sus amigos en la ciudad de Valladolid.

En inglés, el viajero John Auldjo describe el maravilloso entorno natural de Athos en 1848. A su vez, Robert Byron (nada que ver con el poeta) escribió un relato sobre Athos (*The Station*, 1928). Resulta especialmente reseñable el libro sobe Athos del clasicista inglés Graham Speake (convertido a la Iglesia Ortodoxa) en su libro de 2014 *Renewal on Paradise,* posiblemente el libro mejor documentado y más completo sobre Athos. El profesor emérito de la Universidad de Chicago, Robert Allison, también ha escrito varias publicaciones relevantes. Además, existe algún libro publicado en alemán y en italiano, aparte de por supuesto en griego, en serbio y en ruso…[9]. Es destacable el libro *Dos viajes al monte Athos* de los autores Eugène Melchior de Vogüé y Nikolái Strájov, francés y ruso respectivamente (publicado originalmente en 1876, y en castellano en

---

[8] Referencia señalada por la aludida profesora en su artículo.

[9] Para un listado profundo de obras véase https://www.grafiati.com/en/literature-selections/athos-monasteries/book/ y también https://web.archive.org/web/20080513082704/http://abacus.bates.edu/~rallison/friends/friendsreviews.html

2007 por Acantilado[10]), mostrando el primero una visión escéptica, y el segundo una visión más espiritual.

El relato de Vogüé es bastante hostil y en muchas ocasiones, parcial. Por ejemplo, afirma:

> Así, con toda ingenuidad, estos pobres seres nos revelaban el gran secreto de la vida de la institución: se trata de la incurable repugnancia que Oriente siente hacia la dura ley del trabajo. Estas débiles razas harían cualquier cosa con tal de escapar de aquel: para ellas vivir sin fatigas es sinónimo de vivir bien[11].

Como contraste, el relato del ruso es totalmente opuesto, ya que ensalza la dimensión espiritual de Athos y su esplendorosa belleza. De hecho, alude a esta belleza como "la lujuria de la vista", prosiguiendo:

> Tenía dos meses libres y quise ver algo nuevo, ver con mis propios ojos algún espectáculo magnífico que no se pareciera a nada de lo que había visto hasta entonces y darle a mi alma la oportunidad de atisbar alguna vida humana que no se ciñera a los principios que nosotros acatamos[12].

Y más adelante, expone:

> Según testimonio de los investigadores, el Monte Athos es un auténtico remanente vivo de la más remota antigüedad, y, en ese sentido, un lugar único en su especie, un lugar como no hay otro en ningún país del mundo habitado. Recordemos además qué espíritu habita allí: el de nuestra devoción ortodoxa. En el Monte Athos se encuentra una de las encarnaciones más puras de ese principio vivificador que conforma la verdadera alma del pueblo ruso. El Monte Athos es la escuela de la santidad y su campo de acción, y no olvidemos que el hombre santo es el mayor ideal de los rusos, desde el campesino analfabeto hasta Lev Tolstói[13].

---

[10] Las referencias que hacemos a este libro se señalan en notas al pie como Acantilado.

[11] Acantilado, p. 76.

[12] Acantilado, p. 101.

[13] Acantilado, p. 106.

También en castellano contamos una conferencia impartida por el argentino Alberto Candioti en 1935 titulada "Tierra con sol y sin mujeres", cuyo texto aún se conserva en la Universidad de Rosario. Candioti recorrió Athos durante un mes sobre una mula junto a un compañero sefardí. El autor defiende la muy improbable afirmación de que no se conoce la rueda en la península (el origen de la rueda es muy antiguo, quizás procede del cuarto milenio a. C. con origen en Mesopotamia). El compañero sefardí del autor, aunque de origen argentino, procede de Estambul, y el texto expone graciosas interlocuciones en su idioma ladino, parecido al castellano del siglo XV, como esta que sigue en su castellano de época:

> Si bien soy arreciado, no sirvo para Quijote y gaucho non plus me siento... Ascuchad, señor che argentino: si es fuera continuar la marcha faré la que Dios manda y no quiero nocir vuestro placer, ni he de plorar como un infante. Mas habréis de prometerme enantes, como buen sabidor, aguisar bien las cosas para que non tengamos malos encuentros, ni falten el buen yantar, ni algunos comeres y recibir también, por mi lucro, che, el donaire de alguna moquier de gracia... ¡Si se produce un milagro! Si así facieredes non me importa cabalgar en forma dolida, que aquí no hay, por cierto, macanudos petisos....

Alocución a la que el argentino responde:

> Aconsejamos por la décima vez al sefardí compatriota que hablase en francés, para no torturarnos el oído; rogándole que por mucho tiempo permaneciese callado para permitirnos gustar la naturaleza y el cielo athonienses, hermosos como pocos. ¡Vano empeño![14].

En 1997, los monjes de Athos permitieron por primera vez que una selección de objetos de arte saliera de la península para exhibirse en la cercana Tesalónica. La exposición fue un éxito, y se publicó un libro catálogo con los objetos exhibidos (*Treasuries of Mount Athos*, 1997). Más recientemente, el libro de memorias del diplomático

---

[14] Candioti, p. 425.

español Jorge Dezcallar (apreciado amigo del autor del presente libro), *El anticuario de Teherán*, dedica su capítulo XXIX a su viaje al monte Athos.

Paradójico, el primer y el último relato aquí comentados son en castellano materno, pero no se había publicado ningún libro escrito en nuestro idioma. Como hemos visto, Juanjo Brugera, tras proponerme el viaje a Athos me había emplazado: "sería maravilloso que escribieras el primer libro en español sobre Athos", y con este reclamo me introdujeron a los distinguidos monjes que fui conociendo en mi corto periplo de tan solo cuatro días y tres noches (la duración del permiso que obtuve para visitar Athos)… El que mi experiencia haya sido mucho más corta que la de otros viajeros que han dejado valiosos testimonios sobre Athos espero sirva de disculpa al presente libro, que seguramente es de menor profundidad que otros publicados. He intentado suplir esta debilidad organizando el libro como un ensayo con los diferentes aspectos que configuran Athos, y cuando es menester, introduzco alguna referencia del viaje. Además, por aquello de que aprecio tanto a la historia como al misterio que tantos años me acompañó sobre Athos, y porque creo que el conocimiento de la historia nos ayuda a entender mejor los lugares a los que viajamos, he utilizado una estructura en la que intercalo entre los capítulos dedicados a Athos algunos episodios históricos relacionados con la sagrada península y con la Grecia o el Imperio Bizantino que los circundan y que tanto afectaron a la historia de Athos.

Dicen que Alfonso Ussía una vez comentó que le hubiera gustado conocer a quien afirmó que "en la vida hay que plantar un árbol, tener un hijo y escribir un libro", para así pegar un par de "leches" al autor de dicha frase, ya que por su culpa se había escrito mucha "bazofia". Pues, en fin, como yo había escrito ya cinco libros sin mayor pena ni gloria (y siempre, al terminar uno me prometía a mí mismo que sería el último) pensé que se trataba de una icónica ocasión para hacer memoria a mi apreciado tutor Julián, a mi querido amigo Juanjo, a la siempre romántica idea de unir el silencioso anhelo que sentí por Athos, y el amor por la historia, para escribir así el primer libro sobre Athos en mi idioma materno. Esos factores me incitaron a dar el paso.

A riesgo de que me rompan la cara.

Menorca, agosto de 2023

Sobre el gigante Athos, Casandra, Jerjes y Alejandro Magno

La mitología cuenta que Athos era un gigante tracio que desafió al dios Poseidón en el contexto de la guerra que afrontaron gigantes y dioses, guerra llamada "Gigantomaquia". Athos arrojó una montaña a Poseidón, reto que el dios premió enterrando vivo al gigante en el lugar donde hoy se alza el monte Athos, lo que hizo cambiar el nombre de la península, hasta entonces conocida como *Akte*.

La mitología también narra cómo la ninfa Dafne se ocultó en Athos para protegerse del amor de Apolo. Eros había recibido una afrenta de Apolo, así que decidió vengarse lanzando una flecha al dios para que se enamorara de Dafne, y otra a Dafne para que nunca amase a Apolo. Para evitar al Dios y mantener su pureza, Dafne se refugió en una zona de Athos, y su padre Ladón la transformó en laurel, planta que desde entonces permaneció sagrada para Apolo. La tradición cuenta que del lugar en el que se refugió Dafne viene el nombre del actual puerto de Athos, que se llama Dafni en recuerdo de la casta huida.

La península calcídica central del tridente se llama Casandra (a la izquierda de la península de Athos), como la sacerdotisa de Troya e hija del rey Príamo y su mujer Hécuba, descritos por Homero en la *Ilíada*[1].

---

[1] Homero compuso esta obra hacia el siglo VIII a. C. sin embargo, la caída de Troya tuvo lugar al final de la edad de Bronce, hacia el siglo XII a. C. (por eso las películas que muestran las batallas en Troya con espadas hierro cometen un error).

La mitología cuenta que Casandra, negándose a acceder a la seducción del dios Apolo, fue "castigada" con el don de ver el futuro, así como con la maldición de que nadie creyera sus profecías. La más famosa de sus visiones fue al observar el caballo de Troya, ya que pudo prever que se trataba de una treta del enemigo aqueo para atacar la ciudad desde dentro, por lo que aconsejó quemarlo. Los troyanos, por supuesto, no la creyeron, lo que significó el fin de su patria ya que metieron al caballo en la poderosa ciudad de Troya ignorando que estaba lleno de guerreros aqueos. La etílica celebración tras diez años de guerra dejó a muchos centinelas troyanos fuera de juego. Ulises y los suyos abandonaron el caballo, abrieron las puertas de la muralla, y el ejército aqueo, escondido cerca de la ciudad, tomó Troya, la incendió y la saqueó.

Casandra se refugió durante la caída de su ciudad en el templo de Atenas, buscando su protección y la de su históricamente sagrado "Paladio", pero fue encontrada por Áyax, quien la violó en tan sacro recinto. Por si fuera poco, Casandra fue entregada como concubina del rey (*basileos*) vencedor, Agamenón. Más tarde, los romanos intentaron enlazar su estirpe con la de los troyanos a partir de la *Eneida* de Virgilio, y aseguraron que el sagrado Paladio fue trasladado a la mítica antecesora de Roma, Alba Longa, por parte de Eneas.

A la vuelta de Agamenón y Casandra a la ciudad de Micenas, ambos fueron asesinados por Egisto, el primo del *basileos* Agameón, y además amante de su mujer, Clitmenestra. Esta última quería vengar la muerte de su hija Ifigenia, que había sido sacrificada en Táuride por Agamenón para lograr a cambio vientos favorables para llegar a Troya. Orestes, hijo de Agamenón, vengaría la muerte de su padre matando a su madre y a su amante y tío segundo... Los mitos nos impactan porque tienden a establecer relación con el inconsciente colectivo del que, según Jung, todos participamos.

Hoy en día se popularizan los audiolibros como moderna invención, sin embargo, el audiolibro más antiguo de la Historia fue la *Ilíada*, ya que la gesta asociada a la caída de tan gran ciudad fue narrada durante 400 años hasta que Homero la puso por escrito.

Al final uno se pregunta sobre si la decisión de Casandra de negar a Apolo fue la óptima.

Homero menciona Athos en la *Ilíada*, afirmando que los dioses vivían allí antes de dirigirse a su morada en el monte Olimpo (Esquilo también ofrece el mismo relato). Heródoto, nombra a la península (todavía llamada *Akte*) en sus *Nueve libros de la Historia* comentando que la habitaban gentes procedentes de la isla de Lemnos, agrupados en cinco ciudades que acuñaban moneda propia y de las que no se han encontrado restos[2].

El libro VI narra que, en el año 492, en la invasión que acabaría en la derrota de Maratón dos años después, el emperador persa Darío y su general Mardonio perdieron en las peligrosas aguas orientales de Athos 300 naves y 20.000 hombres. No obstante, es conocida la propensión a la exageración de Heródoto, incluso afirma que una parte relevante de los 20.000 muertos lo hicieron a manos de "monstruos marinos".

En el libro VII, Heródoto escribe que el emperador persa Jerjes, al invadir Grecia para despechar la derrota de su padre doce años antes, evitó la navegación en estas aguas. Para ello concibió abrir un canal en la parte más estrecha de la península de Athos. De esta forma pretendía atravesar el canal sin peligro con su enorme flota, en teoría compuesta por casi 4.500 embarcaciones. El autor griego también sugiere que ordenó esta magna obra con criterios propagandísticos. El "padre de la historia" narra con detalle el proceso de construcción, de enorme complejidad y que solo pudo ser terminado gracias a la ayuda de ingenieros fenicios. En su resultado final podían atravesar el canal dos trirremes a la vez. Parece que fue rellenado de nuevo tras su puntual uso. En 1991, académicos británicos investigaron los restos de tan imponente canal, de una longitud de dos kilómetros y una anchura de treinta metros, y posteriormente científicos griegos utilizaron técnicas sísmicas para analizarlo.

---

[2] Estrabón también menciona la península con otras dos ciudades.

Al final, tan ingente obra no le sirvió de mucho al imperial Jerjes. Aunque sus tropas se enfrentaron a un pequeño[3] ejército griego en las Termópilas comandado por Leónidas, co-rey de Esparta (sesentón por entonces), la resistencia espartana supuso un icono entre las polis griegas. Plutarco cuenta que cuando Jerjes conminó a Leónidas que rindiera su pequeño ejército a sus enormes fuerzas ordenándole que entregara sus armas, el rey espartano contestó: "Μολὼν λαβέ" (Molòn labé), o "ven a cogerlas". Estas palabras son hoy el lema del primer ejército griego. Con todo, la pequeña tropa griega fue rodeada y aniquilada por la traición de un pastor, Efialto. La leyenda afirmó más tarde que en el lugar de la batalla se hallaba un escrito que decía: "Ve a decir a los espartanos, extranjero que pasas por aquí, que, obedeciendo sus leyes, aquí yacemos".

El sacrificio de Leónidas no fue en balde, ya que casi toda Grecia se unió definitivamente para hacer frente a Jerjes. Este último, a pesar de tomar y quemar Atenas, observó desde un supuesto trono de plata cómo su flota fue estrepitosamente diezmada en la famosa batalla de Salamina. Tras dicha batalla Jerjes volvió a Persia, dejando al enorme ejército en manos de su general Mardonio. Este fue derrotado en la batalla de Platea, tras la cual los persas no volvieron a intentar una invasión de Grecia nunca más. Estos hechos presentan un profundo significado en la historia occidental y griega. Para estos últimos, se trata de la primera unión panhelénica, de ahí que los griegos denominen *Hellas* a su patria.

Muchos escritores se han preguntado cómo sería hoy en día Europa si las armas persas hubieran resultado triunfantes. Se afirma que la cultura griega es la cuna de Occidente. Quizás el desarrollo magnífico de su arte, su filosofía, su literatura se hubiera visto truncada de haber vencido Jerjes, y hoy Europa sería un continente totalmente distinto. Desde la óptica persa, la invasión de Jerjes se

---

[3] Aunque la tradición afirma que el ejército griego estaba compuesto por 300 espartanos, número que da pie al título de la famosa película, en realidad, las tropas griegas parece que excedían de 7.000 efectivos.

trató de una expedición de castigo a Atenas por haber derrotado a Darío en Maratón, y la conquista y posterior incendio de Atenas habría supuesto un éxito propagandístico.

¿Por qué los griegos vencieron a los persas si numéricamente eran muy inferiores? Se ha escrito mucho sobre el asunto. Es evidente que militarmente, las falanges griegas eran mucho más poderosas que los soldados que enviaban los sátrapas (gobernadores de provincias persas), soldados mucho menos disciplinados, de forma que los griegos hacían frente a cantidades superiores con calidades superiores[4].

Para el historiador norteamericano Victor Davis Hanson, la superioridad militar griega hay que entenderla en el contexto de que un soldado que lucha por su libertad es mucho más mortífero que un soldado que, en la práctica, es un esclavo de un gerifalte[5]. En Grecia, los ciudadanos de las *polis* consideraban que tenían una serie de libertades, de hecho, una de las naves griegas que triunfaron en la batalla de Salamina recibía el nombre de *Eleutheria*, que significa libertad. Las motivaciones de un ciudadano así son diferentes frente a las de un súbdito sometido a un imperio, y por lo tanto su capacidad para luchar y para matar.

Las tragedias navales asociadas a las turbulentas aguas al este de Athos no acabaron con los 300 buques persas hundidos en el 491 antes de Cristo. Tucídides, en sus *Historias de la Guerra del Peloponeso*, escribe que los atenienses concibieron en 424 levantar un muro en

---

[4] Tan es así que siglo y medio después de esta campaña los pretendientes al trono persa contrataban mercenarios griegos, no a asiáticos, para hacerse con el trono. Una de estas expediciones se saldó con el famoso episodio narrado en la *Anabasis*, de Jenofonte, que explica cómo al morir el pretendiente que había contratado a 10.000 hoplitas griegos a los que había trasladado al corazón del imperio persa, los soldados, quedándose sin patrón, ejecutaron una evasión (una de las mayores de la historia) desde la actual Irak hasta Grecia. Jenofonte, aparte de caudillo militar, había sido discípulo de Sócrates, y dejó escritos sobre el sabio griego que complementan los famosos diálogos de Platón. Además, Jenofonte escribió el que posiblemente fuera el primer escrito sobre economía, entendida entonces como gestión de la hacienda.

[5] Hanson, *Matanza y Cultura*, 2004.

la zona más estrecha de Athos, para así afianzar la seguridad de la zona. No se sabe sí lo ejecutaron, pero sí que en el 411 los espartanos perdieron 50 naves en el mismo lugar, en el curso de las guerras que enfrentaron a Atenas y sus aliados contra Esparta y los suyos. Al final la guerra la ganó la oligárquica Esparta, y la perdió la democracia ateniense, democracia responsable en parte de desastrosas decisiones como la expedición a Sicilia en el 404 que apuntaló la decadencia militar de Atenas y permitió la victoria espartana. Desde entonces la democracia fue denostada como sistema político, hasta que se volvió a reivindicar en el siglo XVIII, más de 2.000 años después… Hoy en día, aproximadamente la mitad de los 8.000 millones de habitantes que viven en la tierra disfrutan de regímenes democráticos, un invento de origen incierto, pero de desarrollo griego[6].

Alejandro Magno, amante de la cultura ateniense, llevó a cabo el plan de su padre Filipo de invadir el imperio persa, utilizando como pretexto vengar la invasión de Jerjes y la quema de Atenas 150 años antes. Como sabemos, el joven conquistador tuvo un éxito total, acabando con el imperio persa, conquistando desde Egipto hasta el actual Pakistán. Murió en su capital de Babilonia a los 33 años, probablemente de malaria.

La península de la que trata este libro está dominada por la imponente figura del monte Athos, justo en su vertiente más meridional, dando al mediterráneo, lo que convierte al paisaje en majestuoso. Tal es la impresión que causa tamaño desnivel a orillas del mar que Plutarco, Estrabón y Vitrubio escriben que en una recepción que ofreció Alejandro Magno, un arquitecto llamado Dinócrates mostró al macedónico un proyecto consistente en la construcción de una gigantesca estatua de Alejandro en la falda del monte Athos unida

---

[6] La democracia ateniense no era perfecta, por supuesto, mujeres y esclavos no podían votar, pero significó una gran diferencia frente a los métodos de gobierno de otras ciudades. En la prehistoria se cree que una serie de poblaciones utilizaron métodos asamblearios quasi democráticos para la toma de decisiones, por lo tanto, la asociación entre civilización y despotismo no es del todo correcta. Cfr. *The Dawn of Everything*, Graeber, Wengrow, 2021.

a una ciudad. Incluso para la mente megalómana de Alejandro, el proyecto resultaba demasiado irrealizable dada la dificultad para alimentar y dar de beber a una ciudad allí erigida. Fue por lo tanto rechazado, pero el arquitecto obtuvo un puesto con relevante destino junto al gran macedonio, ya que fue Dinócrates, quien construiría unos años más tarde la gran Alejandría en Egipto, ciudad que sigue existiendo hoy en día. En ella Alejandro, muerto en Babilonia, recibió sepultura, tras "raptar" Ptolomeo el cadáver de su amigo con el objeto de enterrarlo en su reino de Egipto y generar así prestigio para su capital. Esta magnífica sepultura, descrita por varios viajeros, acabó desapareciendo entre los siglos III y IV d. C.

La suerte y la historia de Athos se mantiene anónima unos siglos. En el periodo romano, Plinio el Viejo menciona en el capítulo IV de su *Historia natural* a Athos en el siglo I después de Cristo, afirmando: "En la parte posterior de las colinas de Filipo, se encuentra la gran península de Athos, un promontorio muy alto, en el que hasta ahora no se ha encontrado ni un solo árbol que valga la pena mencionar, ni fuente alguna".

La tradición cristiana ortodoxa afirma que la virgen María desembarcó en verano del año 49 en la península, cerca del actual monasterio de Iviron junto con San Juan, al desviarse por una tormenta el barco que los llevaba a Chipre para visitar al resucitado Lázaro. La Virgen contempló la preciosa vegetación, afirmó que "esta montaña es suelo sagrado" y pidió a su hijo que convirtiera dicha península en su jardín, petición a la que una voz contestó: "que este lugar sea tu herencia y tu jardín, un paraíso y un remanso de salvación para aquellos que desean ser salvados". En ese momento, el templo dedicado a Apolo erigido en Athos se derrumbó, lo que provocó también la auto destrucción del resto de templos y estatuas paganas exceptuando la de Apolo que se alzaba en lo alto del monte Athos. La estatua afirmó: "escuchad mis palabras, soy un falso ídolo; debéis renunciar a mí y ofrecer tributo a la *Panagia*[7], la verdadera madre de

---

[7] "Toda Santa", forma ortodoxa de denominar a la Virgen, junto a la de "madre de Dios", o *theotocos*.

Dios", palabras tras las cuales la estatua se destruyó[8]. Desde entonces Athos se conoce también como "el jardín de la virgen". A tenor del desembarco, la población local se convirtió al cristianismo. Muchos monjes ortodoxos utilizan esta leyenda para explicar la prohibición de que ninguna otra mujer pisara dicho terreno, prohibición que como hemos visto, se denomina *avaton*. Su razonamiento es que "si la más sagrada de todas las mujeres pisó Athos ninguna mujer de rango menor debería hacerlo".

Desde entonces los griegos denominan a Athos, *Agio Oros*, la montaña santa.

---

[8] *Mount Athos & Meteora.*

Milagro encuentro icono "Portaitissa"

Costa oriental de Athos

I

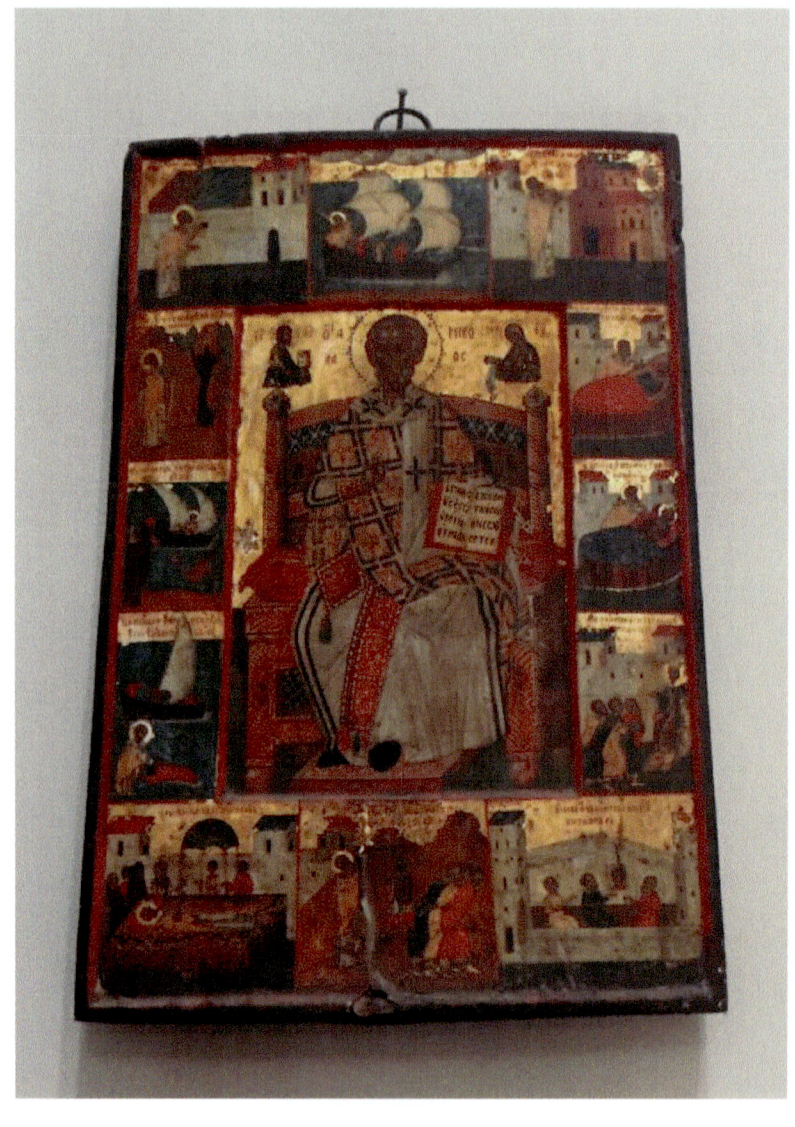

Icono de San Nicolás

II

Cúpula catolicón de Iviron

III

La matanza de Chíos, (pintura de E. Delacroix)

IV

Esquites, costa oriental de Athos

Arsana de Iviron

Monasterio de Iviron

Monasterio de Iviron

VI

Pico Athos, costa occidental

Acantilado desde Stavronikita

VII

Frescos catolicón, antiguo Xenophontos

VIII

Frescos catolicón, antiguo Xenophontos

Sede del gobierno Karyes

IX

Entrada del monasterio de Iviron

Iviron, refectorio

X

Fachada suroeste del monasterio de Iviron

Vista del monasterio de Xenophontos

Esquite de San Andrés

Catolicón de San Andrés

XII

Catolicón nuevo, Xenophontos

XIII

Catolicón antiguo, Xenophontos

Fiali del catolicón nuevo del monasterio de Xenophontos

XIV

Interior de catolicón, Xenophontos

XV

Interior de catolicón, Xenophontos

XVI

Refectorio Xenophontos

XVII

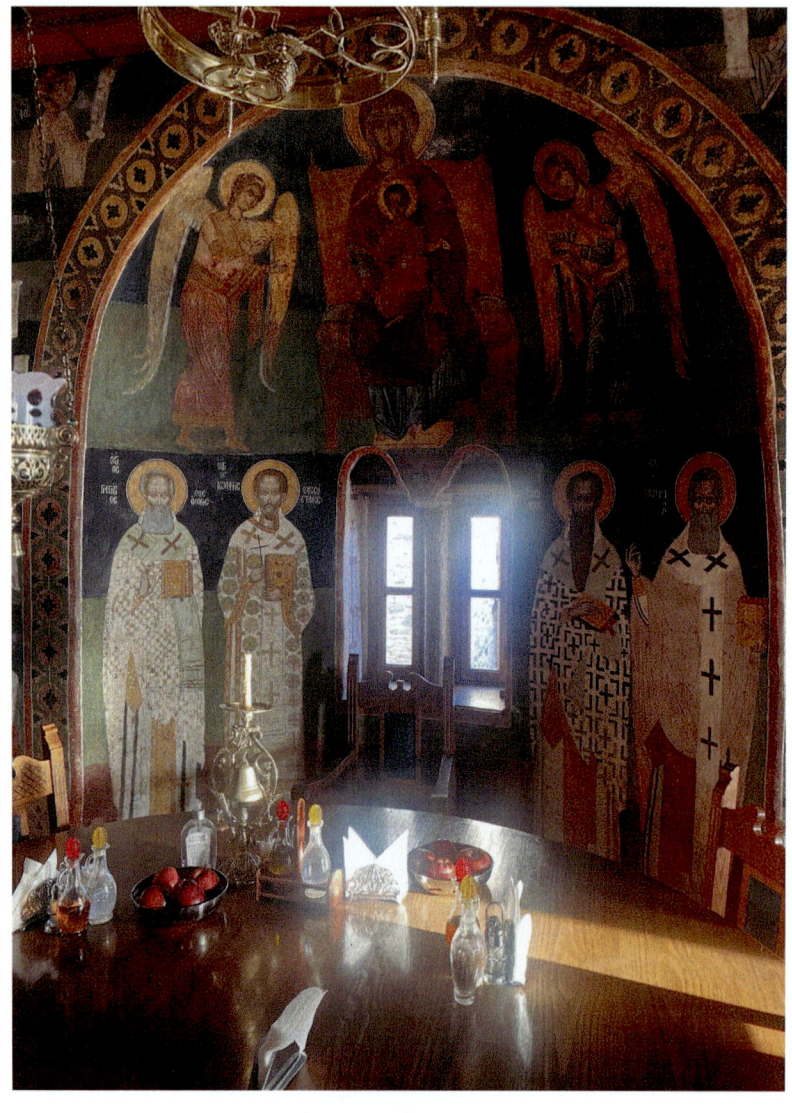

Refectorio Xenophontos

XVIII

Refectorio Xenophontos

XIX

Cúpula esquite, San Basilio

XX

Exonártex Xenophontos

XXI

Iconostasio Xenophontos

Patio interior del monasterio de Hilandar

XXII

Refectorio Xenophontos

XXIII

Torre de defensa Xenophontos

XXIV

Torre de defensa Xenophontos. (Detalle)

XXV

Esquite, San Basilio

XXVI

Esquite, San Basilio

Torre de defensa del monasterio de Hilandar

XXVII

Fresco de la iglesia de la esquite de San Basilio

XXVIII

Iglesia de la esquite de San Basilio. (Detalle)

XXIX

Detalle de la puerta de la esquite de (original) San Basilio

XXX

Arsanas de Xenophontos

XXXI

Navegando desde Ouranópolis se divisa al fondo la punta de Athos

XXXII

Gobierno y organización de Athos

La única comunicación con la península de Athos se realiza a través del puerto de Uranópolis, a través de unos ferries dedicados expresamente a transitar estos trayectos, por eso solo disponen de baños de un sexo. En general, los barcos utilizan las aguas occidentales de la península, ya que las orientales, como hemos visto, suelen ser más peligrosas. La "frontera" terrestre entre Athos y el resto de Grecia está cortada por una alambrada. Existe una pequeña carretera de conexión, también sometida a la mencionada verja, y que solo se atraviesa cuando los bomberos tienen que acudir para alguna emergencia (el fuego ha devorado parcialmente algún monasterio en el pasado).

Los monasterios disponen de un pequeño puerto que llaman "ársena" palabra que parece provenir del turco, y de la que también proviene "arsenal" (de ahí que el histórico astillero militar de Venecia se llame así). En las "ársenas" se bajan y se suben monjes, peregrinos y trabajadores y se cargan y descargan mercancías y provisiones.

EL *DIAMONITIRION*

Para acceder al ferry en Uranópolis hace falta mostrar un permiso llamado *diamonitirion*. Se conceden cien al día, de los que solo diez se pueden expedir a no ortodoxos. El *diamonitirion* se gestiona con antelación, y se se concede en una pequeña oficina en el puerto de Uranópolis. Así se consigue limitar el flujo de peregrinos y visitantes, y mantener el *avaton*, o milenaria prohibición de que accedan mujeres a Athos[1].

Antiguamente, la expedición del documento debía ser otra. Así, el mencionado Candioti afirma en 1935 que:

> Servido el indispensable vaso de agua y confitura, y la consiguiente tacita de café, los representantes de los cuatro monasterios nombrados se ponen de pie junto a la mesa, alargan sus diestras y con un pedazo de sello que cada uno tiene empeñado, forman un solo sigilo, y lo estampan sobre el documento que nos dará, definitivamente, amplia libertad de tránsito en el santo territorio[2].

EL *AVATON*

Avaton significa "no ir". Es una tradición que siempre ha acompañado a Athos, aunque formalmente no se haya reflejado en sus cartas constitucionales de la época bizantina (sí en la legislación griega). Como señala Graham Speake, los monjes creen en la leyenda de que fue la Vírgen la que emitió dicho decreto, y lo justifican por la distracción que las mujeres podrían generar en su vida monacal[3]. El *avaton* también se aplica a cualquier monasterio ortodoxo que no se sitúe en Athos, sea para prohibir la entrada de mujeres en un monasterio masculino o viceversa. La particularidad del *avaton* de Athos es que se extiende por la península, como si se tratara de un gran monasterio. Para controlar el acceso al territorio, y

---

[1] Durante la guerra civil griega un contingente de partisanos que incluía 25 mujeres entró en Athos para apoderarse de ganado. Más adelante, tras un par de transgresiones del *avaton*, un decreto griego de 1953 estableció la pena de 12 meses de prisión a la mujer que accediera a Athos.

[2] Candioti, p. 416.

[3] Speake, p. 2.

sostener el *avaton*, el servicio marítimo griego se asegura de que las embarcaciones de recreo no se acerquen a Athos a menos de 500 metros. El *avaton* incluye la prohibición de que animales del sexo femenino accedan a la península, exceptuando gatos, pájaros e insectos.

GEOGRAFÍA Y PAISAJE

Athos es la más oriental de las tres penínsulas (en ocasiones llamadas "el tridente") que bordean el flanco oriental de Tesalónica, cerca de la frontera turca. Las tres penínsulas, llamadas "calcídicas" se extienden como tres brazos extendidos sobre el mar, un poco más al sur de la ciudad de Pela, donde nació el gran Alejandro en el siglo IV antes de Cristo y también cerca de Estagira, lugar natal de Aristóteles, tutor de Alejandro, y del que se cuenta que pasaba largos tiempos en Athos. La zona que bordea las penínsulas se llama *halkidiki*. En ella muchos griegos, turistas extranjeros disfrutan de sus villas de vacaciones por esa atractiva combinación de vistas, clima y mar.

Los paisajes incluyen abruptos acantilados, diferentes colinas que se alzan entre 500 y 1000 metros, barrancos, playas vírgenes y una exuberante vegetación compuesta de cipreses, de pinos de Alepo, de viñas, de castaños, de robles y de retama. Además, destaca la abundancia de olivos[4]. Se trata de tierras muy verdes, que recuerdan a la campiña inglesa. Desde alguna colina Athos se pueden contemplar en ocasiones al mismo tiempo las preciosas aguas que bordean a la península a derecha e izquierda. Es importante resaltar la ecléctica unión

---

[4] Los olivos son consustanciales a la historia de Grecia, ya que, hasta la popularización más tardía del jabón, la principal forma que tenía la gente de asearse era ungirse con aceite, para así retirar sus impurezas. Los olivos griegos fueron por lo tanto claves para entender la evolución económica que, desde la edad arcaica (siglo IX a. C.), propiciaron el desarrollo de una de las más importantes civilizaciones de la historia y quizás la más relevante para entender el desarrollo de nuestra civilización occidental.

que se percibe en Athos entre espiritualidad, tradición milenaria y la impactante naturaleza que impregna a la península, naturaleza en parte preservada por la dificultad de que los animales se reproduzcan debido al *avaton*.

Si Uranópolis actúa como puerto de entrada, el puerto de Dafni es hoy el puerto natural de salida de Athos, aunque los peregrinos pueden también ser recogidos en las ársenas de sus monasterios. Dafni está repleto de banderas del Patriarcado, el águila bicéfala bizantina sobre fondo amarillo. Desde el barco se percibe la maravillosa confluencia del mar Mediterráneo, la exuberante vegetación de la península y los imponentes monasterios que se erigen frente al mar.

Muy cerca de las tres penínsulas se halla la isla de Samotracia, tan famosa hoy por la estatua macedónica del siglo II a. c. representando la victoria o *Niké*, encontrada en un santuario en dicha isla en el siglo XIX, y que actualmente nos saluda desde una imponente escalera del Louvre.

La península más oriental, de la que se ocupa este libro, posee una extensión de 336 kilómetros cuadrados, unos 7 kilómetros de ancho de media, por unos 52 de largo[5]. Está presidida por la imponente silueta del monte Athos, de más de 2.000 metros de altura, y se yergue muy cercano al monasterio más antiguo de Athos, la "Gran Laura". A lo alto del monte se alza una pequeña ermita dedicada a la transfiguración de Jesús en el monte Tabor.

LOS *TYPIKON*

La configuración jurídica de Athos descansa en las reglas o *typikon*, que rigen la vida de cada uno de los veinte monasterios. Cada monasterio se rige por su propio *typikon*, aunque muchos presenten grandes aspectos en común. Además, el estatus de la península con

---

[5] Su lado más estrecho es de tan solo dos kilómetros de ancho

su autonomía y forma de gobierno está regido por una serie de cartas constitucionales (también denominadas *typikon*) emitidas primero por los emperadores bizantinos, y más tarde por los patriarcas de Constantinopla. Athos ha tenido seis cartas de este tipo, entre los siglos XI y XVIII, y se reconocieron en una compilación legal griega de 1924, en las diferentes constituciones griegas y más adelante, en el tratado de adhesión de Grecia en la Unión Europea.

GOBIERNO DE LOS MONASTERIOS

Al frente de cada monasterio se halla un higúmeno (abad). Es elegido de por vida por los monjes que lleven ejerciendo un mínimo de dos años. En los monasterios conviven sacerdotes, monjes y novicios. Los monasterios cuentan con un consejo de quince notables (ancianos) llamado *hierodea*, establecido en el *typikon* de Manuel II (principios del siglo XV) y que auxilia al higúmeno en la toma de decisiones importantes, como la de determinar el representante a enviar a la santa asamblea, que explicamos más abajo. La *hierodea* de cada monasterio se reúne semanalmente. Además, los monasterios cuentan con cargos como el bibliotecario (*bibliothikarios*), el secretario (*grammatefs*), cocinero (*magiros*), el administrador (*oikonomos...*) y otras funciones[6].

EL PROTOS

Ya antes de la fundación de los primeros monasterios, los eremitas habían nombrado un monje para que los representara en misiones diplomáticas. Se denominó Protos. Su función cobró más relevancia al crearse los monasterios, para coordinar sus acciones. El Protos desde finales del siglo XI era designado directamente por el

---

[6] Speake, p. 196.

Emperador, muestra de la íntima relación entre el imperio y Athos, y desde 1312 sometido a elección por parte de los monasterios, y ratificado por el Patriarca de Jerusalén, el primer dignatario en la iglesia ortodoxa. Como los monjes eligen democráticamente al abad, los monasterios envían representantes a la capital, y entre dichos representantes y su administración acaban nombrando al Protos, por eso se ha definido a Athos como la democracia más antigua en funcionamiento.

El Protos actuaba a modo de coordinador en la península solo en lo concerniente a asuntos de gobierno que no fueran de la competencia de los propios monasterios. El nombre proviene de *Protos Hesychastes*, o primer Hesicasmo[7]. Durante mi visita, el Protos pertenecía al monasterio serbio de Hilandar.

Tuvimos ocasión de conocer al Protos tras visitar la iglesia (*Protaton* debido a su asociación con el Protos) de Karyes. Nos ofreció una audiencia en una sala rectangular, la misma sala en la que, por su descripción, se recibe al viajero argentino, Candioti, en 1935:

> Entramos en un salón que tiene por únicos muebles tres sofás angostos, puestos a lo largo de las paredes, a la usanza turca, y una mesa con alfombrilla oriental a guisa de carpeta. Nos esperaba una ringlera de monjes, sentados con empaque de muñecos[8].

Se trataba de un monje mayor, y muy inteligente. El Protos nos contó que había estado en Nueva York y se había fijado en un cuadro de el Greco que le había impresionado en el que se contemplaba Toledo bajo una tormenta[9]. En el viaje de vuelta el Protos había aprovechado para visitar Toledo junto con otro monje cretense. Según el Protos, el Greco puede ser una forma idónea para introducirse

---

[7] Comentado más abajo en el apartado de mística.

[8] Candioti, p. 415.

[9] Yo había visto y admirado de adolescente "Vista de Toledo" en el Metropolitan casi seguro se trataba del mismo cuadro.

a la pintura bizantina y en especial, al icono[10]. Nos pidió que felicitáramos "a los restauradores de Toledo" por su buen trabajo. Nos comentó, hablando sobre la ornamentación, la relación que existe entre el lexema de "cosmos" y el de "cosmética" ya que, según él el universo es una colección de adornos. Le formulé al Protos la obligada pregunta: "¿Le preocupa usted algo?". Me contestó que él simplemente ejecutaba las órdenes que le daba la Santa Asamblea.

Muy político.

LA SAGRADA ASAMBLEA

Para coordinar las disposiciones que afecten al conjunto de la comunidad monástica de Athos, existe desde finales del siglo X una "Sagrada Asamblea" (*Iera Sinaxis*[11]) que se reúne desde el siglo XVII en la capital, Karyes, para emitir legislación. Este órgano también presenta funciones jurídicas para dirimir conflictos. Cada monasterio envía un representante (*antiprosopos*), elegido anualmente, a dicha Asamblea, y suele informar semanalmente a la *hierodea* de las decisiones más importantes. Hasta hoy se mantiene dicha Asamblea, y se encarga de debatir y aprobar normas que afectan al funcionamiento de la península. La Asamblea desempeña por tanto funciones de pequeña cámara legislativa, con decisiones solo apelables ante el Patriarca. En 1783 se creó la doble Asamblea, que hace coincidir a los 20 higúmenos con los 20 representantes para la toma de decisiones muy importantes. Se reúne en dos ocasiones al año (Semana Santa y la Asunción de la Virgen en agosto). Aparte de su función litúrgica, cabilaciones como la autorización para sacar

---

[10] Con todo, algún otro monje criticaba el arte de El Greco por su "excesiva influencia occidental".

[11] *Sinaxis* significa reunión, del término también proviene "Sinagoga". La Asamblea también se denomina *Hiera Koinotita*, de *Koine*, "general" o "todo el mundo".

obras de arte de Athos para exposiciones temporales son potestad de la doble asamblea.

LA SAGRADA ADMINISTRACIÓN

Para auxiliar al Protos en la ejecución de las decisiones de la asamblea existe desde el siglo XVII un consejo llamado *Iera Epistasia*, o "Sagrada Administración" formado por cuatro monjes, inicialmente pertenecientes a los primeros cuatro monasterios más elevados en la jerarquía[12], de duración anual y presidido por el Protos. Su función se centraba en ejecutar las disposiciones aprobadas en la Asamblea. La reforma de 1783 dividió los veinte representantes de los monasterios en cinco grupos de cuatro, que se rotarían anualmente para la formación de la administración, de forma que todos los monasterios tuvieran ocasión de participar en la administración cada cinco años. El dominio de los cinco principales monasterios se mantuvo de forma que su representante presidía cada uno de los cinco grupos de cuatro. Las decisiones de la administración se formalizaban con un sello que se formaba de cuatro partes, de forma que se requería la unidad de los cuatro monjes elegidos para poder ejecutar una decisión. De no conseguirse, se elevaba la cuestión a la Asamblea, y de no llegar a un acuerdo, al Patriarca[13]. El consejo elije al Protos. La decisión ha de ser ratificada por la Asamblea.

KARYES, LA CAPITAL

Cada monasterio posee una casa en la capital, para así mantener la comunicación con las autoridades. Además, existe una casa de gobierno donde se reúne la Asamblea y la Administración. En muchos

---

[12] Jerarquía que se explica más adelante.

[13] Speake, p. 125.

edificios se puede observar la bandera del Patriarcado Ecuménico, con con la referida águila bizantina (que mira a Este y al Oeste) sobre fondo amarillo. El gobierno de Grecia mantiene también un edificio en la capital (como desde 1575 lo hacía el imperio otomano a través de su representante, o *agá*), y un gobernador (nombrado curiosamente por el ministerio de exteriores griego) actúa como enlace entre el gobierno griego y la Asamblea.

EL PATRIARCA DE CONSTANTINOPLA

Eclesiásticamente, desde el siglo XII Athos no depende del obispo más cercano, sino que reporta directamente al Patriarca de Constantinopla. La Carta de Athos y la Constitución griega sitúan como autoridad suprema en temas jurisdiccionales y espirituales, al Patriarca Ecuménico de Constantinopla. Hoy en día el Patriarca es Bartolomé I. Bartolomé nació en Turquía, y llevó a cabo su servicio militar en el ejército turco. Estudió en el Pontificio Instituto Oriental, en Roma, regido por la Compañía de Jesús. Los monjes hablan con mucho cariño y admiración de Bartolomé. Hasta hace unos años, la legislación turca prescribía que el sucesor del Patriarca de Constantinopla había de tener nacionalidad turca, pero esta disposición fue relajada, ya que apenas quedan unos 2.000 griegos étnicos ciudadanos de Turquía[14].

Especialmente difícil fue la decisión de Bartolomé de conferir autonomía (autocefalía) a la iglesia ucraniana en 2018, separándola de la iglesia ortodoxa rusa, algo que le enemistó con el Patriarca "de todas las Rusias", Cirilo. El movimiento de Bartolomé fue muy

---

[14] Además, se solían formar en la famosa facultad Patriarcal de teología ortodoxa de Estambul-Constantinopla, el Seminario de Halki, que existía desde el imperio bizantino, pero sigue cerrada desde 1971 a pesar de las llamadas a su reapertura, incluyendo la de presidentes de los EEUU como Bill Clinton y Barak Obama, así como de las peticiones del Congreso de los EEUU y del Parlamento Europeo.

calculado, ya que ante la agresión rusa a Ucrania (la ocupación de Crimea en 2014 y más tarde la de sus territorios orientales) la iglesia ortodoxa ucraniana corría el riesgo de perder fieles hacia la iglesia católica ucrania, dada la subordinación que la iglesia ortodoxa ucrania presentaba frente a la rusa hasta ese momento. Desde el punto de vista ruso, la adscripción de su Patriarca "a todas las Rusias" comprende el mandato sobre la iglesia ucraniana. Los orígenes más profundos de Rusia se sitúan precisamente en torno a la región de Kiev, actual capital de Ucrania, de ahí la compleja relación histórica, religiosa y cultural que esgrime Rusia para exponer que Ucrania y Rusia pertenecen a una misma unión, unión que como hemos expuesto, es rechazada por la mayoría de los ucranianos, con el apoyo religioso del Patriarca Ecuménico de Constantinopla.

La iglesia greco católica ucrania[15] es una de las iglesias orientales que guardan fidelidad al Papa, pero que presentan características específicas. Sigue el rito bizantino, y sus sacerdotes, aunque católicos, se pueden casar al haber sido ordenados por el rito oriental. Por eso no es cierta la afirmación de que Roma no tolera que los sacerdotes se casen. Lo toleró en mayor o menor medida hasta el concilio de Letrán en el siglo XIII, y lo sigue admitiendo con los sacerdotes católicos de rito oriental, así como con los sacerdotes anglicanos casados que han abrazado el catolicismo.

ORTODOXIA Y CATOLICISMO

Para entender bien Athos es fundamental analizar el origen del cristianismo oriental. El cristianismo había presentado fisuras desde su gestación. La naturaleza divina y/o humana de Jesús marcó muchas de dichas disputas. Para unificar doctrina, el emperador Constantino convocó el Concilio de Nicea (actual Turquía). En él se aprobó el reconocimiento de la dual naturaleza de Jesús, divina y humana, y se

---

[15] Antiguamente sus fieles eran conocidos como "rutenos".

definió el cuerpo de escritos que conformarían el Nuevo Testamento, incluyendo los cuatro evangelios, a la sazón, los más antiguos, distinguiéndolos del resto, que pasarían a conocerse como "apócrifos". La primera escisión relevante se generó en el concilio de Calcedonia, en el siglo V, en el que las iglesias monofisistas, que solo reconocían una naturaleza de Jesús, la divina, frente a la línea oficial, que reconocía ambas, se escindieron. Entre las iglesias monofisistas escindidas, destaca la iglesia armenia (Armenia fue el primer reino en adoptar el cristianismo como religión oficial, antes de que lo hiciera el Imperio Romano), y la iglesia copta egipcia.

El cristianismo restante (occidental y el oriental) había experimentado tensiones desde hacía siglos. Entre otras, para las iglesias orientales hoy llamadas ortodoxas, el Papa de Roma podía tener una posición honoríficamente superior, pero las decisiones había que tomarlas en concilios ecuménicos, el Papa era un *primus inter pares*. El Papa rechazaba este punto, aludiendo al mandato que Jesús había dado a Pedro en el Evangelio ("tú eres Pedro y sobre esta piedra edificaré mi iglesia"), y reforzó esta tesis durante el siglo VIII, alienando a las iglesias orientales. Estas últimas habían perdido peso tras las conquistas islámicas de Egipto, Siria y grandes territorios de Anatolia, incluyendo Antioquía, sede de la primera comunidad que fue denominada "cristiana". Por lo tanto, se agrupaban en torno al Patriarca de Constantinopla, Patriarca que presentaba una profunda relación con el emperador de Bizancio. Este último se definía como como digno sucesor del imperio romano y por lo tanto observaba con recelo la pretensión del Papa de Roma de liderar la iglesia.

Además de una cuestión de poder, las diferencias también abarcaron temas doctrinales, sobre todo orientadas a la naturaleza divina de Jesús, si era o no equivalente a la del Padre. Los ortodoxos, en el "Credo", afirman que el Espíritu Santo proviene del padre, los católicos, antiguamente también, pero más tarde, para ensalzar la naturaleza divina de Jesús, igualable a la del padre, introdujeron en el Credo la fórmula *filioque*: el Espíritu Santo proviene del Padre "y del hijo", doctrina que la Iglesia Ortodoxa no aceptó (su credo adoptaba la tradicional fórmula *Qui ex Patre procedit*)[16]. Las fisuras desembocaron en total ruptura el año de 1054, año en el que el Patriarca y el Papa se excomulgaron mutuamente. Desde entonces hablamos de los ortodoxos como segregados del catolicismo. La relación entre la iglesia ortodoxa y la católica está por lo tanto muy marcada por la historia, y sigue siendo compleja, aunque ha ido mejorando.

En Ibiron tuvimos la ocasión de conversar con Vasileios Gontikakis, un teólogo famoso de origen cretense y ex higúmeno, que promovió la reforma monástica en Athos desde 1968. Aunque estaba muy mayor, nos vino a decir que el ecumenismo no se podía conseguir si antes no se desarrollaba una relación fraternal entre las dos iglesias, la católica y la ortodoxa, con el conocimiento del otro y sin imposiciones, lo que exigía confianza mutua. El método consistía en respetar la libertad ajena, como se hace según él en Athos con los diferentes monasterios.

En conclusión, la organización de Athos reside por lo tanto en una soberanía casi plena en su territorio, garantizada por la constitución griega, y en la autonomía de cada uno de sus veinte monasterios, regidos por higúmenos, auxiliados por un cuerpo consultivo. La coordinación entre monasterios se realiza mediante la Santa Asamblea y la Sagrada Administración, dirigida por un Protos. Eclesiásticamente, Athos reporta directamente al Patriarca Ecuménico de Constantinopla.

---

[16] Además, la iglesia ortodoxa, no acepta como dogma católico de la inmaculada concepción de la Virgen, ni su Asunción. Sólo lo acepta como tradición.

Sobre Constantinopla, protectora de Athos; sobre los cruzados, el imperio latino y los almogávares

Athos se yergue entre dos ciudades históricas, Tesalónica, al oeste, Constantinopla, al este. Constantinopla fue erigida en 330 en el emplazamiento de la antigua colonia griega de Bizancio por el emperador Constantino "el Grande", y fue considerada "la segunda Roma"[1]. Constantino adoptó cierta simpatía hacia el cristianismo cuando, según la leyenda, al enfrentarse el año 312 en el río Fulvio a su rival por el trono, Magencio, tuvo una visión de un crismón bajo el signo *in hoc signos vinces* (bajo este signo vencerás), visión tras la que ordenó que dicho crismón se plasmara en los escudos de sus soldados; desde entonces el crismón figuró en muchos símbolos imperiales. Constantino ganó la batalla, consiguió el trono y fue en teoría el primer emperador romano en ser bautizado (antes de su muerte). Fue también quien aprobó en 313 el "edicto de Milán", edicto que, en realidad, ni fue un edicto ni se aprobó en Milán, sino que fue una carta a gobernadores escrita en Nicomedia, y que supuso la libertad de culto dentro del Imperio Romano. El "edicto de Milán" es un hito crucial para entender la expansión del cristianismo, que

---

[1] Tras la caída de Constantinopla en 1453 Moscú trató de erigirse en la "tercera Roma" de ahí que el término *Zar* provenga del latino *Caesar*, al igual que más tarde el germánico *Kaiser* también emulara la palabra latina. Los imperios intentaban así simbolizar ser legitimarios del imperio romano.

hasta entonces había sido sometido a más y menos violentas persecuciones. Se calcula que en la época en la que fue aprobado el edicto, entre un 10% y un 25% de la población del impero se consideraba cristiana. Desde entonces, las tornas cambiaron hasta el punto de que durante ese siglo la inmensa mayoría de la población del imperio romano se fue convirtiendo al cristianismo.

Se menciona la presencia de monjes en la península de Athos desde el siglo IV d. C. ¿El motivo? El emperador Juliano "el apóstata", a mediados de dicho siglo, intentó en vano que el imperio romano volviera al paganismo, y por una orden suya se cerraron templos cristianos de Athos, y los monjes encontraron refugio en los bosques. Este episodio de paganismo fue un breve paréntesis en el firme ascenso del cristianismo.

A su vez, Tesalónica es importante entre otras cosas porque en dicha ciudad el emperador Teodosio "el Grande" (a la sazón nacido en la actual España como me recordó un monje de Athos en una conversación) declaró el año 380 d. C. el "Edicto de Tesalónica", edicto que marcó el fin de la tolerancia religiosa: el cristianismo se convierte en la religión oficial del imperio, y se prohibió el resto de cultos. Este edicto dio pie a la terminación de milenarias tradiciones paganas, como los juegos olímpicos, o como los famosos oráculos, de Delfos, consagrado a Apolo, y el de Dodona, dedicado a Zeus. En este último se alzaba un milenario roble que, al moverse las hojas, permitía a los adivinos pronosticar el futuro; el roble fue cortado el año 391, once años después del consabido decreto de Tesalónica. El decreto de Tesalónica también sirvió para desalojar los templos paganos que aún se mantenían en Athos, algo que muestra cómo la península presentó un carácter sagrado también en época precristiana: aparte de la referida estatua de Apolo, parece que incluso se alzaba una estatua de "Zeus athonita".

La oficialidad del cristianismo supuso unos años más tarde la prohibición de la Academia y el Liceo de Atenas, fundados por Platón y por Aristóteles respectivamente, lo que provocó el éxodo de muchos sabios hacia oriente. Desde el siglo VII esta migración facilitó la absorción de una parte del conocimiento griego por parte del emergente poder musulmán. Esta permeabilización del saber clásico hacia el Islam fue importante, ya que más adelante sirvió para recuperar mucha de la tradición clásica en Occidente, en parte a través de la escuela de traductores de Toledo y de los escritos de Averroes. De ahí que con mayor o menor justicia se haya identificado a la cultura islámica como cultura "transporte".

Polibio cuenta que su amigo Escipión se puso a llorar al contemplar el incendio y destrucción de Cartago, archienemiga de Roma, el año 146 antes de Cristo. Al preguntarle Polibio que porqué lloraba si había conseguido la victoria, Escipión le contestó: "porque algún día esto ocurrirá con mi patria". No andaba desencaminado. Como sabemos, el emperador Teodosio dividió al morir el 395 su imperio entre sus dos ineptos hijos, Honorio y Arcadio. A los pocos años de la muerte de Teodosio, en el 410, la ciudad milenaria de Roma fue conquistada, por primera vez en 1.000 años, por Alarico[2] y sus godos, quienes, aunque bárbaros, ya eran cristianos, si bien arrianos. En el 455 volvió a ser conquistada por los vándalos, y en el 476 el último emperador, Rómulo Augústulo, fue depuesto por los hérulos, terminando así el imperio romano de occidente, que se dividiría en reinos bárbaros, génesis de muchos de los actuales estados de Europa occidental. El imperio romano de oriente se mantendría casi otros 1.000 años[3].

Constantinopla no estuvo exenta de peligro en el tempestuoso siglo V. Las murallas que la protegían desde la época de Constantino, reforzadas durante el reinado de Teodosio, se vieron gravemente dañadas en el 447 por un terremoto. Ese año los hunos de Atila

---

[2] La leyenda cuenta que los tesoros capturados por Alarico en la conquista de Roma fueron ingentes. Siguiendo la costumbre goda, para su enterramiento ordenó desviar el curso de un río, se enterró con sus tesoros, se volvió a habilitar el paso normal del río, tras lo que los trabajadores fueron ejecutados. Su tumba nunca ha sido encontrada.

[3] Para la historia del imperio bizantino, es un clásico el libro de Ostrogorsky, *Historia del estado bizantino*.

estaban asolando Europa, y al escuchar que la gran ciudad se había quedado desprotegida se encaminaron hacia allí. Los ciudadanos de Constantinopla tenían que reconstruir las murallas en menos de tres meses si querían evitar lo peor, tarea ardua, ya que se habían tardado años en erigirlas. Para hacer frente a la emergencia, la leyenda afirma que el prefecto de la ciudad tuvo una idea: se dirigió a las cuatro facciones de seguidores de los principales equipos que competían en el hipódromo de Constantinopla, rojos, blancos, azules y verdes. A cada sección se le asignó un tramo de la muralla, y se les conminó a competir entre ellos para ver qué equipo lograse reconstruir su tramo en el menor tiempo posible. La tensión competitiva dio sus frutos, y cuando Atila llegó a la ciudad no se la encontró desprotegida como esperaba, sino con las murallas totalmente reconstruidas, lo que evitó su captura.

El apogeo del imperio romano de oriente se alcanzó bajo el imperio de Justiniano, en el siglo VI. Paradójicamente, Justiniano, originario del sur de la actual Serbia, fue una de las últimas personas cuyo idioma natal era el latín (su nombre original era Petrus) ya que el latín estaba poco a poco convirtiéndose en diversas lenguas romances. En realidad, el griego era la *lingua franca* de la mitad oriental del imperio, y tras la caída del imperio occidental el latín perdió casi toda su influencia en la parte oriental a favor del griego. Los bizantinos se denominaban así mismo "romanos" (*rumi*), de hecho, el término "bizantino" se adoptó en Europa en el siglo XVI, después de la desaparición de imperio.

Con todo, un mal continuo en la historia de Bizancio fueron los profundos enfrentamientos que acaecieron entre diferentes facciones. Como el imperio dejaba poco margen de libertad para discutir sobre cuestiones políticas, las disensiones se orientaban hacia otros campos. Eran famosas las intensas luchas que enfrentaban a "azules y a verdes" los dos principales partidos que apoyaban facciones opuestas en las carreras de carros, y que también encubrían dimensiones más religiosas: los verdes simpatizaban con los monofisistas (doctrina cristiana que defendía que Cristo solo tenía una única naturaleza, la divina, no la humana), los azules, con la ortodoxia, defensora de la doble naturaleza. Ambas facciones se rebelaron contra Justiniano en el año de 532 al grito de *niké*, que significa "victoria", aunque se pronuncia "niki"; la revuelta se conoce como "la revuelta de niká". Los rebeldes intentaron tomar el palacio imperial, que se encontraba anexo al hipódromo. En el proceso destruyeron la iglesia que se alzaba donde hoy se encuentra la catedral de la Santa Sofía con su imponente cúpula, lo que más tarde permitió a Justiniano edificar su obra magna, aún imponente hoy en día. En Occidente se había perdido el arte de hacer cúpulas, arte que no se recuperó hasta la construcción de la Catedral de Florencia en el siglo XV. Durante la revuelta, Justiniano estuvo a punto de abandonar su ciudad, solo la sangre fría de su mujer Teodora le impidió hacerlo. El palacio imperial se mantuvo a salvo. Al cabo del tiempo el eunuco Narsés, mano derecha de Justiniano, entró solo en el hipódromo, y sobornó a los líderes azules para que retiraran a una parte de sus partidarios. Más tarde, las tropas imperiales, lideradas por Belisario, rodearon el hipódromo y masacraron a los rebeldes, mayormente verdes, dejando miles de cadáveres a su paso.

A pesar de la importancia de Justiniano (también es muy conocido por ordenar compilar la legislación romana en el *Codex Justinianus*), violó una importante ley histórica: proyectar un poder no acorde con la situación demográfica y económica. El imperio bizantino estaba sometido a disensiones, a una crisis financiera y a una importante tensión demográfica ya que la peste "justiniana" diezmaba a la población del imperio: se cree que un tercio de sus habitantes sucumbieron a la peste, entre otros, la emperatriz Teodora. Además, las políticas de Justiniano dejaron vacío el tesoro imperial. Cuando un gobernante intenta extender la expresión de un poder geopolítico a una potencia en declive económico y demográfico, se expone a la decadencia. Fue justo lo que ocurrió a la muerte de Justiniano.

El imperio bizantino había luchado desgarradoras guerras contra sus enemigos, los Partos, guerras que habían dejado a ambos bandos totalmente desgastados. Fue entonces cuando comenzó la expansión del Islam. Esta había sido sorprendentemente rápida desde la muerte de Mahoma. Los musulmanes, en dos importantes batallas en el

636 d. C. (al-Qādisiyyah y Yarmouk), derrotaron a partos y a bizantinos, y pudieron ser capaces de expandirse por el norte de África y conquistar además amplias zonas de Anatolia (actual Turquía), Siria, el actual Israel, Irak e Irán, Paquistán y el norte de la actual India.

El mensaje simple del Islam, con sus cinco preceptos, frente a las complicadas divisiones de muy sutiles diferencias teológicas incapaces de calar entre la población común parece que fue uno de los motivos que consiguieron importantes conversiones. El otro, el hecho de que el Islam impuso un impuesto especial de capitulación a los "pueblos del libro", cristianos y judíos, que no quisieran convertirse. Muchos cristianos, sobre todo en el norte de Africa y en Oriente Medio prefirieron la conversión al hecho de pagar impuestos, y desde entonces el cristianismo pasó a convertirse en una religión marginal en dichas zonas en las que antes había predominado.

La pérdida de la provincia de Egipto por parte de Bizancio a manos del Islam, en el siglo VII supuso un duro golpe. Egipto funcionaba desde la dominación romana como granero del imperio y su pérdida además provocó el éxodo de monjes y eremitas de esa zona, una parte de los cuales acabaron en Athos, algo que enlazó la tradición eremítica con la historia de la Athos.

La erupción del volcán Thera, en el 726, fue observada desde Athos, según crónicas bizantinas del siglo XI, que indican que por entonces la península estaba habitada. En el 787 el historiador Genesios menciona de nuevo a Athos, península que envía una delegación al concilio de Nicea, concilio que habría de decidir entre la enorme disputa surgida entre iconoclastas e iconódulos. La iconoclastia defendía que la excesiva veneración de imágenes, especialmente la de los santos, se asemejaba al paganismo y a la idolatría. La tradición iconoclasta no era nueva. Con el triunfo del cristianismo, durante el siglo IV y el V, se procedió a una destrucción masiva de imágenes paganas, para así intentar relegar a la religión politeísta. Muchas obras de arte fueron destruidas en este periodo. La tradición iconoclasta fue defendida desde el siglo VIII por el emperador y por los pueblos no griegos de oriente, y fue opuesta sobre todo por la población griega del imperio. La iconoclastia había sido ya rechazada por el catolicismo, que consideraba que la imagen era solo el medio hacia la veneración final, de forma que la división entre los propios bizantinos contribuyó a seguir cimentando un clima de división con los católicos debido a la postura firmemente iconódula del catolicismo.

Al final, los iconódulos vencieron dicha disputa en el mencionado Concilio de Nicea del año 787, y en el 843 la emperadora Teodora dirigió una procesión a la que se sumaron monjes de Athos para oficializar el fin de la iconoclastia. Gracias a ello hoy podemos disfrutar del maravilloso mundo de los iconos bizantinos de los que hablaremos más tarde. Como sabemos, las ideas iconoclastas perduraron de una forma u otra en la reforma protestante, que abolió las imágenes. También en el Islam se han producido controversias parecidas, con la tradición salafista (de *salaf*, que se refiere a tradición de los puros antepasados) defendiendo acabar con el culto a los santos que por ejemplo veneran los sufíes, lo que ha provocado la destrucción de muchas tumbas de santos sufíes por parte de los salafistas, o la tristemente famosa destrucción de los budas de Afganistán por parte de los talibanes en 2001.

En el 829, la armada bizantina es derrotada por piratas sarracenos provenientes de Creta. Tras esta derrota Athos es desolada por dichos piratas, lo que provocó su abandono temporal. La documentación siguiente que menciona a Athos es la del año 843[4], año en el que se convocó otro nuevo Concilio en Constantinopla para cerrar definitivamente las luchas encarnizadas que, como hemos visto, durante el último siglo habían enfrentado a inconoclastas e iconódulos. Desde el año 860 nuevos monjes, liderados por Efthymios el joven volvieron a repoblar la península.

Tras las incursiones sarracenas de Athos, el emperador Basileo I (el "macedonio") toma la península bajo su protección directa, a través

---

[4] Para la configuración jurídica de la historia de Athos, sigo el excelente artículo de Jaime Bonet, 2005, citado en la bibliografía.

de un *sigillion* (documento imperial escrito con tinta roja y sellado) que data del 883. El *sigillion* reservó por decreto imperial a los monjes el derecho a residir en el monte Athos con la exclusión de laicos, cediéndoles la propiedad del terreno, y excluyéndoles de la obediencia del monasterio más cercano, el de Kolovos, lo que les hubiera hecho depender del obispo de Hierissus. También prohibió a pastores la entrada en la península, inhibiendo además la entrada de otros potenciales intrusos. El obispo de Hierissus siguió intentando controlar los incipientes establecimientos religiosos de Athos, pero el emperador Romanos I Lecapentos, en el 942 proporcionó a los monjes la autonomía frente al obispo, la protección imperial, y un sueldo de una moneda de oro a cada monje cada año, otorgándoles así el estatus de funcionarios imperiales, a cambio de sus plegarias en favor del emperador y de su imperio.

En Athos, la importante figura de Atanasio "el Athonita" fue la que galvanizó a finales del siglo X tan importante paso del eremitismo al cenobismo (vida comunal), y con ello, la transcendencia de Athos. Atanasio fue amigo y confesor del emperador bizantino Nicéforo II Focas, quien apoyó a su amigo para construir desde el año 963 el primer monasterio de Athos, llamado *Megistis Lavra*, o "Gran Laura" el más antiguo de los actuales veinte monasterios que rigen la península, y del que Atanasio se convirtió en su primer "abad" allí llamado "higúmeno". Además, Atanasio funda en Karyes su antiquísima iglesia, el *Protaton*, iglesia también conocida como la "dormición de la virgen". Desde la fundación del "Gran Laura" en 963 la vida eremítica fue poco a poco mutándose en vida "cenobítica", lo que supuso la cohabitación de los monjes y la fundación de los primeros monasterios.

Esta tradición monástica se había desarrollado antes en Occidente, al menos desde el siglo VI con la fundación del Monasterio de Montecasino por San Benito. Al igual que San Benito escribió una "regla" o norma que rige el funcionamiento de un monasterio benedictino, y que sigue siendo usada hoy en día en cientos de monasterios de dicha Orden, más de 1.500 años después, Atanasio escribió su "regla" (*typikon*), en parte influida por la de San Benito[5]. Así, como veremos, y a modo de comparativa, la regla de San Benito impone que las comidas conventuales, que se celebran en una sala llamada "refectorio" se hagan siempre en silencio, exceptuando la lectura que realiza un monje de la vida de los santos. Este autor se ha quedado en ocasiones en monasterios benedictinos, y es cierto que hoy en día a veces dicha lectura se alterna con música clásica o con lecturas de pensamiento. En Athos, la regla de Atanasio prescribe lo mismo, pero allí sigue en pie la lectura de la vida de los santos, sin otros miramientos. Con todo, las reglas de San Benito y de San Atanasio imponían una vida de oración y trabajo, y una ascesis moderada, algo que contrastaba con la tradición ascética mucho más intensa de los eremitas. La reacción de estos últimos a la regla de San Atanasio fue intensa, ya que ellos defendían una ascesis eremítica, totalmente rigurosa y solitaria.

Para evitar un nuevo conflicto como el vivido un siglo antes entre iconoclastas e iconódulos, el emperador de Bizancio, Juan I Tzimisces, Tzimiskes o Zimiskis, encargó al abad Eutimio el Estudita escribir un decreto (crisóbulo[6], o bula de oro, llamado comúnmente *typikon* de Zimiskis) para regular la vida de los monjes de Athos. Todavía hoy la vida de Athos se configura con arreglo a este importante decreto "constitucional" del año 972, también llamado *tragos*, conservado hasta hoy en el *Protaton* (iglesia principal) de Karyes. Se trata de un documento escrito en piel de carnero, de unos cuatro metros de largo. En él se establece que unos monjes vivirán en comunidad en cada uno de los monasterios, en tanto que otros vivirán bien solos, o bien acompañados de uno o dos monjes más, en pequeñas ermitas

---

[5] Es interesante discurrir cómo en la cristiandad la fuente del derecho acaba siendo un escrito. Cuando los cruzados establecieron el reino de Jerusalén los reyes también estaban sujetos a una serie de reglas, llamados los "assizes". Los reyes tenían autonomía limitada en base a dichas reglas, algo que sorprendía mucho a los orientales, acostumbrados al poder absoluto de sus jerarcas.

[6] Un crisóbulo bizantino es un documento oficial emitido por el emperador para garantizar un derecho o privilegio. Solía plasmarse en un pergamino de color dorado y enriquecido con tinta dorada.

dependientes de algún monasterio. El *typicon* permitía cierto equilibrio entre el estilo de vida eremita y el cenobita (monástico). Así, un monje podría seguir viviendo solo en su ermita, pero reportaría siempre a un monasterio, y los monjes del monasterio elegirían a su higúmeno, que mantendría el mandato de por vida.

Esta tensión entre la vida monacal y la eremítica se mantendrá a lo largo de la historia de Athos. Los monjes que siguen la primera tradición se denominan "idiorítmicos" y los segundos "cenobitas". Además, el *tragos* impone la prohibición de que animales del sexo femenino entren en Athos, exceptuando insectos, pájaros y gatos, apreciados por su capacidad para cazar ratones. La prohibición se extiende a eunucos e imberbes. Por último, establece el procedimiento para la designación de los higúmenos. Sus preceptos se han venido observando en mayor medida durante 1.000 años.

Entre el 985 y 1287 se alzó un monasterio benedictino en Athos, Amalphion, fundado por habitantes de la costa amalfitana de Italia. Su construcción fue apoyada por Juan el Ibero, el georgiano fundador del monasterio de Iviron. El que se mantuviera como monasterio católico (quinto en la jerarquía) tras el cisma del 1054 muestra la naturaleza ecuménica del Athos medieval. De hecho, este monasterio convivió con otros monasterios católicos hoy desaparecidos. De Amalphion hoy en día solo queda en pie su torre, muy cerca del monasterio de la Gran Laura.

En 1045/6 el emperador Constantino IX Monómaco manda compilar una segunda carta constitucional (*typikon*), mediante otro *crisobullon*, documento en el que por primera vez se menciona por escrito a Athos como o "monte santo" (*Agion Oros*), y se decreta de nuevo la prohibición de que eunucos e "imberbes" puedan entrar en dicha península sagrada (muestra de que no se estaba cumpliendo la prohibición anterior). El *typikon* establece que el Protos se encargue de ejecutar las decisiones menos importantes, y la Asamblea, las más relevantes.

Como sabemos, el imperio bizantino había entrado en una profunda crisis militar la segunda mitad del siglo XI, especialmente tras la estrepitosa derrota de Manzikert, el año 1071, en la que el emperador Romano IV Diógenes fue vencido por los turcos seljúcidas, y sus compatriotas de Constantinopla agradecieron tal derrota al desafortunado emperador cegándole mediante hierros candentes. Romano moriría poco después como consecuencia de las heridas.

Manzikert es muy importante en la historia de la Edad Media, porque tras dicha batalla, los bizantinos solicitaron ayuda a Occidente para defenderse de los islámicos turcos. Acudiendo al llamamiento de auxilio surgieron las cruzadas, en teoría dirigidas para reconquistar Tierra Santa. Las tres primeras cruzadas se digirieron a Jerusalén, con mayor o menor fortuna. Sin embargo, la cuarta cruzada, incapaz de financiar a la flota para dirigirse hacia Tierra Santa, acordó con los venecianos pagar por su transporte dirigiéndose hacia Constantinopla para conquistarla. Los venecianos habían visto reducirse sus privilegios comerciales en el imperio bizantino, reducción a la que siguió una masacre de mercaderes italianos. A su vez, los cruzados habían generado un importante resquemor hacia el imperio, a tenor de muchos malentendidos y desencuentros desde la primera cruzada. Unos y otros consideraron que el tomar Constantinopla y tejer un imperio latino sería algo beneficioso para la defensa de Tierra Santa, aparte de un pingüe beneficio para su sedienta sed de botín y de privilegios comerciales. Además, contaban con un pretendiente al trono bizantino, quien aseguró tener el apoyo de la población, y que prometió a los cruzados una enorme recompensa si era reinstaurado en el trono.

La ciudad estaba extraordinariamente fortificada, hasta el punto de que nadie había sido capaz de tomarla desde su fundación en la época de Constantino. El único punto débil de la muralla era el oriental, que daba a la entrada de agua conocida como "cuerno de oro". Para protegerla, una enorme cadena unía ambos puntos para prevenir la entrada de barcos enemigos. Los cruzados tomaron el extremo opuesto de la cadena de oro, cortaron la cadena, y encaminaron sus barcos hacia el cuerno. Las embarcaciones ya habían sido provistas de escaleras de asalto sobre los mástiles, y habían sido atadas de dos en dos para conferirles de cierta estabilidad. Desde los mismos barcos, los cruzados subieron a través de los mástiles por las escalas de asalto y tomaron la muralla en la zona de la torre Blanquerna, lo que propició la huida emperador en una embarcación pesquera. El pretendiente ascendió al trono, pero encontró el tesoro vacío, por lo que no pudo pagar a los cruzados. Lo que siguió fue una orgía de violaciones de bizantinas, incluidas muchas monjas, unida a una espantosa carnicería en la que perecieron unas 2.000 personas. Finalmente, los cruzados establecieron un emperador latino (católico), Balduino I.

Siempre me ha sorprendido que en la Santa Sofia todavía hoy se halle la tumba del dogo veneciano Enrique Dandolo, que dirigió tan rocambolesca expedición, junto a varios obispos católicos. Los venecianos se apoderaron de la estatua de una cuadriga de caballos que había presidido el hipódromo de Constantinopla desde la época de Constantino. Hoy en día puede apreciarse sobre la catedral de San Marcos, en Venecia. A su vez, la reliquia de la Corona de Espinas fue también saqueada, y sus restos se encuentran hoy en la *Sainte Chapelle* de París (la Corona se quemó durante la revolución francesa). La famosa estatua de Hércules sita en Constantinopla, creada por Lisipo, escultor de Alejandro Magno, fue fundida para acrecentar el botín.

Si 1054 había supuesto una ruptura entre la iglesia occidental y la oriental, 1204 la cimentó, generando una profunda aversión de los ortodoxos hacia los cruzados y, por lo tanto, hacia los católicos, aversión que aún hoy se mantiene latente en los ambientes más extremistas de la ortodoxia. Tal es la viva memoria de este episodio que el Papa Juan Pablo II pidió perdón en 2001 por estos acontecimientos, perdón que fue aceptado por el Patriarca Bartolomé unos años después.

Los monjes de Athos, ante la insólita situación de un emperador latino en Constantinopla, solicitaron la protección del Papa Inocencio III, Papa que se había quedado horrorizado al contemplar cómo la cruzada, inicialmente concebida para apoyar a los estados latinos de Jerusalén, había sido desviada por los venecianos para asestar un golpe mortal al cristiano imperio bizantino. Como veremos, esta solicitud de los monjes de Athos de protección ante un entorno hostil es convertirá en una tradición que se repetiría en el futuro.

Los monasterios de Athos tuvieron que afrontar durante siglos el ataque no solo de enemigos convencionales sino también de los piratas, atraídos por las riquezas que albergaban dichos monasterios. El número de monasterios de Athos se redujo debido a estos ataques, y provocaron en parte las estructuras fortificadas de los restantes. Estas incursiones explican también el hecho de que una parte de los monjes decidiera emigrar al más seguro emplazamiento de Meteora, ya en el interior de Grecia, en lo alto de rocas, a finales del siglo XIV. Meteora mantuvo muchas de las tradiciones de Athos, y de hecho, la prohibición de que entraran mujeres, el mencionado *avaton*, se mantuvo allí en vigor hasta 1929.

Constantinopla no sería recuperada por los bizantinos hasta 1261, pero el imperio había quedado muy debilitado, lo que facilitó la expansión de los turcos. El imperio solicitó algo años después ayuda contra los turcos contratando a la compañía de los "almogávares" compañía de armas catalana dirigida por el ex caballero templario Roger de Flor. Los bizantinos agradecieron la ayuda militar negándose a pagar a los catalanes, para lo cual invitaron a su comandante a un banquete junto a varios lugartenientes. En ese banquete fueron asesinados por orden del emperador, pensando que así se desbandarían los almogávares. Sin embargo, la compañía reaccionó tomando a sangre y fuego territorios en Grecia que incluyeron la península de Casandra entre 1307 y 1309. Desde allí asolaron al monte Athos, sometiendo a los monasterios a una gran destrucción que abarcó obras de arte, libros e iglesias. Más adelante los almogávares conquistaron los ducados de Atenas y Neopatria, que fueron vasallos del rey de Aragón hasta 1391. Se trató posiblemente del periodo más difícil para Athos. Todavía hoy los monjes de Athos hablan de los catalanes y de este episodio con cierta sonrisa fruncida. Y posiblemente de aquí proceda la cuestionable leyenda de que los catalanes tenían prohibida la entrada a Athos hasta un pasado reciente (2005[7]).

La reconstrucción de Athos tras el terror de los almogávares generó un nuevo periodo de esplendor, esplendor que se cimentó además en la importancia que Athos representaba para sostener la fe ortodoxa en un mermado imperio. En este periodo se construyeron siete nuevos monasterios, entre otros el de Simonos Petras. En 1400, el emperador Manuel II otorgó una tercera carta constitucional (*typikon*). En ella se determina la jerarquía de los monasterios existentes, teniendo de nuevo en cuenta su importancia y su antigüedad.

En realidad, el asalto de los almogávares se trataba solo de la primera ocupación, ya que la península fue conquistada por los serbios entre 1345 y 1371, de ahí la influencia de Serbia en Athos, representada a través del monasterio de Hilandar, aunque bien es verdad que los serbios eran ortodoxos. También relevante para los monjes fue la conquista de Athos por los musulmanes turcos entre 1383 y 1403, y ya definitivamente desde 1424 por parte del sultán Murad II. Athos permanecería en manos musulmanas cerca de 500 años, hasta principios del siglo XX. Sin embargo, Athos asumiría un papel crucial para preservar la cultura bizantina y ortodoxa. Además, los monasterios eslavos resultaron clave para traducir numerosos escritos griegos a lenguas eslavas, recogiendo así la milenaria tradición de los monasterios como centros transmisores del saber.

Con todo, el imperio bizantino desde la reconquista de Constantinopla en 1261 pasó a ser solo la sombra de su esplendoroso pasado. Los turcos fueron ganando posiciones, hasta el punto de que el imperio bizantino acabó controlando solo una pequeña porción de terreno alrededor de Constantinopla. Se produjo un nuevo intento de unión de las iglesias occidental y oriental cuando el desesperado emperador bizantino del siglo XV, Juan Paleólogo, recorrió diversas cortes europeas

---

[7] Aunque se ha repetido mucho, conozco catalanes que han entrado en Athos antes de esa fecha. La fecha se refiere a una donación que hizo la Generalitat para reconstruir una zona del monasterio de Vatopedi.

para pedir ayuda contra los turcos. El precio de dicha supuesta ayuda consistía en volver a unir las iglesias, algo que admitió el emperador en el concilio de Florencia en 1439. Faltaban menos de quince años para que Constantinopla cayera en manos turcas, y a pesar de la dificultad, el emperador fue recibido en su ciudad por una población hostil a dicha unión. Preferían ver sobre la ciudad "el turbante del Sultán antes que la tiara Papal"[8], según parece que afirmaban los monjes ortodoxos volviendo a ensalzar el conflicto que condenaría a su ciudad.

Bizancio y su endeble imperio se mantuvieron hasta la caída de la gran ciudad en 1453 a manos de los turcos del sultán Mehmet II. Los árabes, y posteriormente los turcos, habían intentado tomar la ciudad en repetidas ocasiones, sin éxito. Los primeros asaltos, que combinaban la lucha terrestre y marítima, fueron derrotados con una misteriosa tecnología llamada "fuego griego". Se trataba de una mezcla aun hoy en día no descubierta que era capaz de prender en el agua, y que los bizantinos lanzaban a los barcos enemigos a través de sifones. Una flota islámica fue así destruida en el siglo VIII.

Sin embargo, el ataque desencadenado en 1453 sería definitivo[9]. Mehmet ofreció a Constantino XI el rendir Constantinopla y a cambio poder salir sano y salvo para gestionar alguna provincia griega sometida al Sultán. El emperador contestó:

> Dios no quiera que viva como un emperador sin imperio. Cuando mi ciudad caiga, yo caeré con ella. Quien quiera escapar, que se salve si puede, y quien esté dispuesto a enfrentarse a la muerte, que me siga. En cuanto a entregarte la ciudad, no me corresponde a mí decidir ni a nadie más de sus ciudadanos; porque todos hemos tomado la decisión común de morir por nuestra propia voluntad, sin ninguna consideración por nuestras vidas.

Con todo, a pesar de sus formidables murallas, un ingeniero húngaro, Orbón, que había construido unos cañones de dimensiones ciclópeas

---

[8] Candioti, p. 410.

[9] *La caída de Constantinopla*, del famoso historiador experto en Bizancio, Sir David Runciman, es un clásico al respecto.

(nueve metros de longitud) y cuyos servicios habían sido rechazados por el emperador de Bizancio, los ofreció al sultán Mehmet II, quien los aceptó. Los cañones fueron dispuestos ante las murallas bizantinas, que fueron sometidas a un bombardeo constante. La desproporción entre atacantes y defensores era total: unos 80.000 atacantes frente a un rango entre 7.000 y 14.000 defensores, incluyendo del refuerzo de una compañía de genoveses. Finalmente, los turcos aprovecharon el que una puerta de las murallas se quedara semi abierta, posiblemente como consecuencia de una traición. Por ahí entraron las fuerzas de elite turcas, los temidos jenízaros, o niños cristianos que habían sido raptados y educados como musulmanes. Lo que siguió fue una matanza espantosa. Muchos niños y mujeres bizantinos buscaron refugio en la catedral de Constantinopla, la Santa Sofía. Los turcos entraron en el templo y los masacraron. Las crónicas cuentan que la sangre de las víctimas se elevaba hasta la altura de las rodillas.

El emperador Constantino XI Paleólogo murió heroicamente junto a sus hombres el 28 de mayo de 1453 defendiendo su milenario imperio romano y dejando a los monjes de Athos sin patrón[10]. La unión de Florencia fue abolida tras la caída de la ciudad. El cisma en la Iglesia se mantuvo desde entonces, y posteriormente se agravaría en el siglo XVI con la reforma protestante.

---

[10] Desde entonces los turcos cambiaron el nombre de la ciudad a Estambul. Además, los turcos acabaron plasmando más adelante el estandarte bizantino, consistente en una media luna y unas estrellas. A modo de curiosidad, los aeropuertos griegos rotulan el aeropuerto de Estambul como "Constantinopla", el nombre que recibió esta ciudad desde el siglo IV d. C. hasta su conquista por los turcos en 1453. En Grecia se sigue denominando Constantinopla, de ahí que algún turista que no sepa de este hecho haya podido perder su vuelo. Para muchos griegos, la pérdida de Constantinopla es una herida que aún se mantiene abierta.

Monasterios de Athos

Los monasterios de Athos se organizan en base a una jerarquía, recogida en los *typicon* de Athos, marcada por la fecha de fundación del monasterio y por la relevancia histórica de cada uno. Su organización jerárquica no indica que unos estén subordinados a los otros. Los siete primeros se denominan "grandes monasterios" y los trece siguientes, "pequeños monasterios", con independencia de su tamaño o número de monjes. El monasterio de San Pantaleón es ruso, y el de Zografos es búlgaro. Así, junto con el serbio Hilandar, tres monasterios pertenecen a nacionalidades no griegas.

Los veinte monasterios actualmente existentes en Athos son los siguientes (por orden de jerarquía)[1]:

1. Monasterio de la Gran Laura (Μεγίστη Λαύρα/*Megisti Laura*).
2. Monasterio de Vatopedi (Βατοπαιδίου/*Batopaidiou*).
3. Monasterio de Iviron (Ιβήρων/*Iviron*).
4. Monasterio de Hilandar (Χιλανδαρίου/*Chilandariou*) fundación serbia.

---

[1] Lista extraída de Wikipedia.

5. Monasterio de Dionisio (Διονυσίου/*Dionisiou*).
6. Monasterio de Kutlumusion (Κουτλουμουδίου/*Koutlou-mousiou*).
7. Monasterio de Pantokratoros (Παντοκράτορος/*Pantokra-toros*).
8. Monasterio de Xiropotamo (Ξηροποτάμου/*Xiropotamou*).
9. Monasterio de Zografou (Ζωγράφου/*Zografou*) fundación búlgara.
10. Monasterio de Dochiariou (Δοχειαρίου/*Docheiariou*).
11. Monasterio de Karakalos (Καρακάλλου/*Karakallou*).
12. Monasterio de Filoteo (Φιλοθέου/*Filotheou*).
13. Monasterio de Simonos Petra (Σίμωνος Πέτρας/*Simonos Petra*).
14. Monasterio de San Pablo (Αγίου Παύλου/*Agio Pavlou*).
15. Monasterio de Stavronikita (Σταυρονικήτα/*Stavronikita*).
16. Monasterio de Xenophontos (Ξενοφώντος/*Xenophontos*).
17. Monasterio de Gregorio (Γρηγορίου/*Gregoriou*).
18. Monasterio Esfigmenu (Εσφιγμένου/*Esfigmenou*).
19. Monasterio de San Pantaleón (Αγίου Παντελεήμονος/ *Agio Pandeleimonos*) fundación rusa.
20. Monasterio Konstamonitu (Κωνσταμονίτου/*Konstamo-nitou*).

En este capítulo describimos con algo más de detalle los monasterios más importantes, así como los tres visitados (Iviron, Hilandar, Xenophontos).

MONASTERIO DE LA GRAN LAURA

La jerarquía la encabeza el monasterio más antiguo la "Gran Laura". Fundado el 963 por San Atanasio, supone el comienzo de la vida monacal organizada en Athos. Hasta entonces los monjes vivían en ermitas llamadas "lavras" o "lauras" palabra que quiere decir "barro" (por el material del que se construían las ermitas) y que más tarde, por influencia rusa, devino en la actual "laura". Buscaban así intentar estar en contacto directo con Dios, siguiendo la tradición eremítica originada por San Antonio en Egipto desde el siglo III. En su origen, los monjes eremitas vivían solo cada uno en su "laura", pero practicaban algún rito litúrgico en común. La fusión de varias "lauras" ese año de 963 supuso la creación del primer monasterio de Athos. La fecha de la fundación de la "Gran Laura" por San Atanasio ese año explica que en 1963 se celebrara el milenario de la península.

San Atanasio, nacido en Trebisonda (parte norte de la actual Turquía) se había hecho amigo del general bizantino Nicéforo Focas, quien había visitado Athos junto con Atanasio. Como general, Nicéforo dirigió las expediciones para retomar las islas de Creta y de Chipre del poder musulmán y los frutos de la reconquistada Creta fueron asignados a la construcción de la Gran Laura. Esto permitió al Nicéforo apoyar financieramente a Atanasio y a su proyecto monacal. A la muerte del emperador Romanos II, Nicéforo reclamó y obtuvo el imperio con el apoyo del ejército y de la aristocracia.

Nicéforo había enviudado de un matrimonio juvenil, y prometió a Atanasio la castidad y el que se haría monje en un futuro. Sin embargo, cuando fue elegido emperador se casó con la emperatriz viuda, Teófano, algo que fue interpretado por San Atanasio como una violación de su promesa de castidad. Nicéforo se defendió afirmando que no había mantenido relaciones con su esposa. Esta última, afrentada, buscó como amante a un general, sobrino a la sazón del propio emperador. El amante acabó asesinando y derrocando a su tío para hacerse con la púrpura, a la que llegaría con el nombre de Juan I Tzimiskes, al que hemos conocido antes. Juan lavó su conciencia con generosas ayudas a la Gran Laura, además de con la otorgación de la regla del monasterio, o *typikon*. Como hemos visto, Juan también emitió una importante carta constitucional (*tragos*) y que marcó la autonomía de Athos.

A pesar de que el monasterio sufrió los estragos de la ocupación almogárave, pudo mantenerse de una forma continuada hasta la actualidad. El catolicón (iglesia central del monasterio) fue construido por el propio San Atanasio, que perdió su vida trabajando en dicha obra. El edificio fue adoptado como modelo para otros catolicones de Athos.

La Gran Laura posee una de las bibliotecas más valiosas de Athos, con más de 2.000 manuscritos y 165 códices, incluyendo importantes ejemplares del nuevo testamento. Se trata de una de las colecciones más valiosas de manuscritos griegos del mundo. Además, el monasterio cuenta con más de 2.500 iconos (se calcula que en Athos el total de iconos excede de 20.000). La Gran Laura posee también una corona y un traje ceremonial (*sakkos*) del emperador Nicéforo, así como el cuerpo de San Atanasio.

MONASTERIO DE VATOPEDI

En jerarquía, a la Gran Laura le sigue Vatopedi, que quiere decir "el niño con el frambueso". Según la leyenda, Constantino el Grande había erigido en el siglo IV un templo en este lugar, templo que fue más tarde destruido por Juliano el Apóstata. Unas décadas más tarde, Arcadio, hijo del emperador romano Teodosio el Grande, naufragó en esta costa, y fue hallado sano y salvo por los cenobitas debajo de un arbusto. Para agradecer su salvación, el emperador mandó construir un templo, templo sobre el que más adelante tres discípulos de Atanasio erigieron a finales del siglo X el actual monasterio.

Vatopedi tiene fama de poseer monjes muy eruditos y avanzados. Amurallado, y de gran importancia, es el monasterio en el que el Rey Carlos III de Inglaterra se ha alojado en alguna ocasión. Entre sus reliquias se encuentra el cinturón que, según la tradición, entregó la Virgen a Santo Tomás antes de su "dormición" o *kímisis*, término que los ortodoxos usan para referirse a la muerte y subida al cielo de la Virgen. El cinturón está hecho de pelo de camello, y se había guardado en Jerusalén hasta que, debido a sus supuestos poderes sanadores, el emperador Arcadio ordenó trasladarlo a Constantinopla y más tarde el emperador León VI lo regaló a Vatopedi. El monasterio también posee una valiosísima biblioteca de códices y manuscritos.

Vatopedi llevó a cabo recientemente (2008) una serie de operaciones inmobiliarias que generaron mucha controversia, al intercambiar terrenos en teoría de escaso valor, por otros de titularidad pública de mucha más valoración, en la época del gobierno de partido conservador Nueva Democracia, dirigido por Karamanlis. Tras mucha polémica, la operación fue declarada como no culpable por el Tribunal Supremo griego.

MONASTERIO DE HILANDAR

El monasterio de Hilandar se alza imponente entre montes y cipreses. Lo rodean unas formidables murallas y torres fortificadas, que se erigieron para proteger al recinto de los pillajes cometidos durante la dominación latina de Constantinopla en el siglo XIII. Gracias a esta protección, Hilandar fue uno de los pocos monasterios no arrasados por los almogávares el siglo siguiente.

La puerta de entrada, protegida por una espesa puerta se abre a un pasaje en el que se puede contemplar una preciosa pintura de la presentación de la virgen, bajo la cual los peregrinos son recibidos por el hermano hospedero (denominado *archontaris*). En nuestro caso se nos hizo subir hasta una sala de bienvenida para peregrinos (*archontariki*) que el monasterio posee en el primer piso. Mientras esperábamos nuestras habitaciones se nos ofreció el tradicional licor *raki*, acompañado por café o té y por un dulce (*lukumi*). Cuentan que como en el pasado la gente recorría Athos andando, o bien en mulo, el *raki* servía para reponer fuerzas, y el té o el café para afrontar el sudor.

Como hemos expuesto, Hilandar es uno de los tres monasterios que está adscrito a una nacionalidad, en este caso, a la serbia. Se trata del cuarto monasterio más antiguo de Athos. Aunque fundado en el siglo X, fue posteriormente abandonado, y solo se refundó a finales del siglo XII por el santo serbio San Sava, con el permiso del emperador Alejo III. San Sava era hijo del rey de Serbia, y renunció a su condición principesca para hacerse monje. Su carisma debía ser tal que convenció a su padre el rey Simenón (que también llegó a ser santo) para que se le uniera como monje, dejando a su otro hijo a cargo del reino. En aquellos tiempos el catolicismo de venecianos y croatas, vecinos occidentales de los serbios, amenazaba la ortodoxia de Serbia, hasta el punto de que San Sava abandonó el convento para volver con su hermano; asumió el cargo de obispo de Serbia, creando así la iglesia ortodoxa serbia (dependiente del Patriarcado de Constantinopla), y desde dicho cargo se conminó a frenar las peligrosas incursiones papistas, asegurando para su país su futuro ortodoxo. Por eso se le considera el santo más importante de la iglesia serbia. Resulta curiosa la historia. En ocasiones se reafirma una identidad nacional a través de una adscripción religiosa y en oposición a la fe de una nación vecina (Irlanda y Polonia son claros ejemplos[2]). Pensé que si San Sava no hubiera tenido éxito quizás tampoco se hubiera dado el detonante que comenzó la primera guerra mundial[3].

La relación entre Hilandar y Serbia es profunda. Cuentan que el rey serbio Esteban Dusan visitó Hilandar en el siglo XIV huyendo de la peste negra, acompañado de su mujer Elena de Bulgaria, violando así el *avaton*. Para mitigarlo, la leyenda afirma que la reina fue siempre

---

[2] Es interesante cómo las fronteras del catolicismo y la ortodoxia frente al protestantismo en Europa se aproximan bastante a la frontera o *limes* del imperio romano, Irlanda y Polonia son las excepciones geográficas, de nuevo resaltando el importante papel que la religión desempeñó en la configuración de sus identidades nacionales.

[3] Un estudiante serbio ortodoxo asesinó al católico heredero del trono austriaco y a su mujer, lo que desencadenó una serie de acontecimientos que resultaron en la primera guerra mundial.

llevada en una litera, con el objeto de que sus pies no tocaran nunca el suelo sagrado.

Dos enormes cipreses de mucha antigüedad bordean el catolicón. Nos contaron que, durante la ocupación alemana, como Serbia estaba enfrentada a Hitler, los monjes decidieron esconder los tesoros más importantes de Hilandar entre dichos árboles, y así se mantuvieron incólumes.

El monasterio cuenta con un importante museo, que suele estar cerrado a la mayoría de visitantes. Contiene famosos iconos, en especial el de *Theotokos Acatisto* (madre de Dios de pie). También cuenta con una culebrina (pequeño cañón) que parece, tuvo uso defensivo a finales de la edad media. Los monjes aseguraron que se había utilizado contra los almogávares catalanes, a sabiendas de que mis dos compañeros eran catalanes, bien de nacimiento bien de adopción. Les noté una sonrisa forzada en los labios. Yo estuve pensando que era difícil que, a principios del siglo XIV, cuando la compañía almogávar tomó Athos, hubiera artillería en esa zona.

En Hilandar viven 47 monjes y 9 novicios. Los tiempos en los que Yugoslavia estuvo dominada por la dictadura comunista de Tito fueron muy difíciles, pero los monjes consiguieron sobrevivir con el apoyo de la diáspora serbia. Hace pocos años, en 2004, un incendió devastó la mitad del monasterio, aunque se pudo salvar el tesoro artístico, así como la iglesia central. Tras el incendio, las donaciones de la diáspora serbia permitieron la reconstrucción de Hilandar, lo que explica que una parte de sus instalaciones presenten un estado inmaculado. Me llamó la atención el que no hubiera cobertura de móvil, aunque allí y en algunos otros monasterios los monjes viven desconectados del mundo, sin móvil, ni televisión ni acceso a internet. Hilandar cuenta con un puerto, o dársena, que se extiende junto a otro edificio que en el pasado hacía las veces de pequeño astillero para reparar barcos de pesca. Hoy funciona como bodega.

Cerca de Hilandar se alza la ermita de San Basilio, delante del mar. En ella vivía un monje solamente. Al atravesar su pequeña muralla me sorprendió observar paneles fotovoltaicos, que debían de alimentar la energía del pequeño edificio (la electricidad no llegó a Athos hasta los 80[4]). Estuvimos admirando los iconos de su altar. Juanjo me explicó un icono que muestra la "dormición de la Virgen". Debajo de la Virgen, un judío extiende su brazo para intentar comprobar su virginidad, y el arcángel San Miguel se lo corta.

MONASTERIO DE IVIRON

El monasterio de Iviron fue fundado en el 979 por el georgiano Juan el Ibero. En realidad, dicho apelativo de "Ibero" nada tiene que ver con los iberos de la península "ibérica" sino que hace referencia a la región de "Iberia", de Georgia, cerca del mar negro, zona que en su momento fue dominada por la dinastía Bagration, y más tarde fue una unidad administrativa del imperio bizantino. La identificación del monasterio con sus fundadores es importante, hasta el punto de que "Iviron" significa "de los Iberos", si bien su comunidad monástica se compuso mayoritariamente de griegos desde el siglo XIV.

Iviron es un bello monasterio fortificado cerca del mar. El catolicón se yergue frente a una capilla en la que se halla un muy famoso icono llamado *Panagia Portaitissa*, también conocida como "Puerta del cielo", o "Nuestra Señora de Iviron", o "Iviron, Madre de Dios" (*Iviron Theotokos*), uno de los más venerados de la península. De ahí que este sea un monasterio dedicado a la "dormición" de la Virgen.

Iviron cuenta además con un soberbio museo, no abierto al público, y en el que no se nos permitió tomar fotos. Atanasio nos contó que para abrir sus puertas hacen falta tres llaves, y que cada llave es custodiada por un monje distinto, para así preservar su seguridad. No sé la norma, pero la realidad es que el monje encargado del museo nos abrió el solo con las tres llaves, y pudimos contemplar el soberbio

---

[4] Candioti, en su relato de 1935 afirma que Vatopedi sí disponía por entonces de luz eléctrica. Los monjes de Vatopedi se caracterizaban según el por su elevada condición y su mayor aperturismo.

espacio. En la sección de incunables pudimos ver la primera edición impresa de *la Ilíada*, de finales del siglo XV. El museo también posee la más importante recopilación de manuscritos georgianos fuera de Georgia, y la mayor colección de textos musicales bizantinos. En la sección de vestimentas, expone un traje ceremonial que había pertenecido al emperador de Bizancio y que fue ofrecido como regalo al monasterio. El museo albergaba también los documentos fundacionales del monasterio, del siglo X, y numerosos objetos devocionales usados en Constantinopla, entre otros, un velo o epitafio, que sacan en procesión en semana santa.

MONASTERIO DE XENOPHONTOS

El monasterio de Xenophontos se halla literalmente en la orilla occidental de la península, cerca de la capital Karyes, y a espaldas de una intensa vegetación. La parte superior del monasterio, que contiene las habitaciones, dan al mar con terrazas protegidas por balaustradas de madera. El interior acoge dos catolicones, uno del siglo X y otro del siglo XIX, también un edificio para congregar a los donantes en ocasiones especiales, y una torre (*campanile*) del siglo XIX, en la que ahora se instala el taller de un famoso monje pintor de iconos, del que hablaremos. Xenophontos contiene once capillas dentro del recinto amurallado y seis en el recinto exterior. El monasterio es conocido, entre otras cosas, por los coros bizantinos que entonan sus monjes. En la orilla se alzan un par de talleres que se usan como aserraderos y desde los que se divisa el cercano monasterio de Stravanikita.

Xenophontos recibe su nombre del constructor de una pequeña capilla del siglo VI, posiblemente, uno de los edificios más antiguos de Athos, que aún se conserva anexa al viejo catolicón, recinto maravillosamente recubierto de pinturas bizantinas en casi todas sus paredes. Iviron se menciona ya en documentos del siglo X, contando entre sus benefactores a Alejo I Comneno, el emperador bizantino al que le tocó recibir a los líderes de la primera cruzada, relato que inmortalizó su hija en la historia llamada *Alexiada*.

El refectorio de Xefonon es también majestuoso. Se trata de una antiquísima sala recubierta de brillantes pinturas. Como deferencia, al acabar la cena, se nos permitió entrar a solas y admirarlo con tiempo. Estuve fijándome en una imagen que mostraba la tumba de Alejandro Magno; contemplándola, un santo afirma ante sus huesos "no se puede decir si era rico o pobre, emperador o campesino", apelando así a la futilidad de las ganancias terrenales. También observé una pintura que mostraba el martirio de San Ignacio de Antioquía, devorado por dos leones.

MONASTERIO DE SAN PANTALEÓN

El monasterio fue erigido por monjes rusos en el siglo XI, provenientes del primer proto estado ruso, el principado de Kiev (capital de la actual Ucrania), que parece fue fundado por vikingos, vikingos que recibieron el apelativo de "Rus", término que en idioma protoeslavo venía a significar "extraño". De ahí que el fundador de su dinastía fuera el príncipe vikingo Rurik. La población étnicamente eslava acabó dominando el principado, y por eso se gestó el origen de la actual Rusia. De nuevo, podemos apreciar la íntima conexión histórica entre Rusia y Ucrania, causante en parte de la desafortunada guerra actual.

Una porción de estos vikingos acabó establecida en Constantinopla, y entre ella el emperador reclutaba a su guardia personal, la famosa "guardia varega". Antaño los Césares de Roma habían hecho algo parecido desde Augusto para reclutar a la guardia germana, y posteriormente a la guardia pretoriana.

Es interesante reflexionar cómo los vikingos que habían navegado hacia el Oeste pudieron conquistar amplias zonas de Inglaterra y el norte de la actual Francia, estableciendo el poderoso reino de Normandía. Fueron los vikingos normandos los que, dirigiéndose más al sur establecieron el reino normando de Sicilia, del que salieron importantes contingentes hacia la primera cruzada. Así, cuando el emperador Alejo I Comneno recibió uno a uno a los príncipes cruzados, conoció entre otros a Roberto II de Normandía, hijo del normando Guillermo el Conquistador[5]. Así, en Constantinopla los vikingos normandos que habían navegado hacia el oeste por el mar del norte y más tarde hacia el sur y hacia el este por el Mediterráneo, se debieron "reencontrar" en el año 1096 con la guardia varega, de vikingos que habían navegado siglos antes hacia el este por el mar Báltico, y posteriormente hacia el sur por los ríos de Rusia hasta acabar instalados en la capital del imperio bizantino, la mayor ciudad por entonces de la cristiandad.

El monasterio de San Pantaleón fue tomado y quemado por los almogávares en 1307. El edificio principal de San Pantaleón data del siglo XVIII. Me explicaron que el monasterio estaba casi en ruinas hace veinte años, consecuencia de muchos años de asfixia financiera desde que la revolución rusa de 1917 le privó del patrocinio de los zares. Con la caída del comunismo volvió la ayuda, que ha sido empleada en levantar una enorme casa de huéspedes frente al mar, y en embellecer el monasterio original. Dicen que en el interior figuran retratos de Putin, mandatario que visitó el monasterio en 2005.

MONASTERIO DE SIMONOS PETRA

El monasterio de Simonos Petra es famoso por su construcción sobre una escarpada roca de unos 300 metros delante de acantilados frente al mar. Fundado en el siglo XII, Simonos Petra vivió una larga historia de incendios y refundaciones. La comunidad actual se instaló en 1973 proveniente de un monasterio de Meteora[6]. Recientemente,

---

[5] Este último había tomado Inglaterra en 1066 tras la batalla de Hastings.

[6] Como hemos visto, Meteora es una formación rocosa en el interior de Grecia en la que monjes provenientes de Athos habían fundado siglos antes una serie de monasterios muy similares a los de Athos, protegiéndose así de los ataques de piratas.

Simonos Petra protagonizó una disputa con otros monasterios, ya que aprovechó un manantial de agua cercano para producir y comercializar agua mineral. La disputa no vino por esta acción, sino por el nombre comercial que dio al agua, *avaton*, que, como hemos visto, se refiere a la prohibición de que las mujeres pisen Athos. Los monjes son conscientes de la sensibilidad que este punto genera en nuestra sociedad actual, y prefieren mantener un perfil bajo, perfil que se rompe cuando circula por Grecia un agua mineral con ese nombre. Atanasio me contó que recientemente una universidad americana había llevado a cabo una exposición de fotografías sobre Athos, y el título de la exposición "No Women's Land" (tierra sin mujeres) también generó resquemor entre los monjes por dar notoriedad al *avaton*.

MONASTERIO DE ZOGRAFOS

El monasterio de Zografos también es tristemente famoso por la historia. Como hemos visto, Constantinopla fue conquistada por los cruzados (1204), y recuperada por los bizantinos en 1261 bajo el emperador Miguel VIII Paleólogo (el primero de su dinastía tras cegar al legítimo emperador de 11 años; la dinastía duraría hasta la caída de la ciudad en 1453). El emperador consideró que para prevenir nuevas acciones ofensivas de los cruzados contra Bizancio era mejor mantener buenas relaciones con Roma, así que apoyó la unión de la iglesia ortodoxa y católica, unión formalizada por el Concilio de Lyon en 1274. Dicho concilio fue muy contestado por la comunidad de Athos, que envió una carta al emperador señalando ciertas cuestiones dogmáticas católicas como heréticas. Para dar ejemplo a los rebeldes monjes, un contingente de cruzados enviado por el emperador ahorcó al Protos, asesinó a varios monjes de Vatopedi e Iviron, y posteriormente asaltó Zografos, y conminó a los monjes a aceptar dicha unión. Los monjes se negaron, resistiéndose en la torre, lo que provocó que los cruzados la quemaran. 26 monjes murieron por el fuego, y son considerados mártires por la ortodoxia. La pretendida unión de ambas iglesias fracasaría al morir el emperador, en 1282.

MONASTERIO DE ESFIGMENU

Mención aparte merece el monasterio de Esfigmenu debido a su radicalidad. Parece que cuelgan de sus murallas banderas con el lema "ortodoxia o muerte" y los no ortodoxos no son bien recibidos. La decisión del Patriarca de Constantinopla y del Papa en 1964 de abrir un diálogo ecuménico entre ambas iglesias provocó una fuerte reacción entre los monjes de este monasterio, que se declararon en contra. El Patriarca declaró cismáticos a los monjes de Esfigmenu, y creó una nueva comunidad de monjes "leales" pero los cismáticos se negaron a abandonar el monasterio, a pesar de las órdenes de los tribunales griegos apoyando el decreto del Patriarca. En 2013, el Patriarca solicitó a los antidisturbios griegos que desalojaran a los monjes de Esfigmenu de su casa de representación (*konaki*) en Karyes, y fueron recibidos por cócteles molotov. Varios monjes fueron condenados a varios años de prisión por este hecho. Finalmente se consiguió desalojarles de esta casa, que hoy en día ocupa la comunidad "leal". No obstante, el monasterio sigue en manos de los monjes "rebeldes". Como consecuencia, el representante del monasterio en la Asamblea se elige entre la comunidad "no cismática".

Sobre el Imperio otomano, la independencia griega, la Segunda Guerra Mundial y la relación actual de Athos con Grecia

Mehmet II, conquistador de Constantinopla, fue sucedido por Selim II "el inflexible", que arrebató Egipto a los mamelucos. Selim mantuvo una política ambivalente. Por un lado, se caracterizó por cierto grado de tolerancia hacia las comunidades no musulmanas. De ahí se explica que Selim permitiera el mantenimiento de las comunidades de Athos, y que muchos judíos españoles sefardíes buscaran refugio en Estambul tras la expulsión decretara por los reyes católicos en 1492[1]. Quizás esta tolerancia de los otomanos hacia la diversidad de pueblos bajo su dominio explica los largo siglos en los que se mantuvo su imperio. El imperio otomano mantenía en la capital de Athos, Karyes, un oficial llamado *Caïmakam*, encargado de recaudar los impuestos pagados por los monjes a la Sublime Puerta (nombre que alude al poder otomano) y un gobernador, o *Agá*. Por otro, se caracterizó por una tributación cada vez más asfixiante, tributación que afectó a los monasterios de Athos en forma de impuestos (*haraci*, en turco) en base al número de monjes.

A Mehmet le sucedió el famoso Solimán el Magnífico, bajo cuya égida el imperio alcanzó su máximo esplendor. En 1530 los turcos

---

[1] En realidad, tan solo un tercio de los judíos españoles abandonó Sefarad, convirtiéndose con mayor o menos convicción el resto.

casi toman Viena, lo que hubiera supuesto una enorme crisis para los reinos cristianos, que quizás lamentaban la escasa ayuda prestada a Constantinopla y temían vivir las consecuencias de una eventual victoria del moderno Jerjes. Los turcos fueron derrotados en el sitio de Viena, pero volvieron al asalto en 1565 en el sitio de Malta, para así intentar dominar el mediterráneo occidental[2]. Tras tomar el fuerte de San Telmo, los turcos intentaron vencer la resistencia moral de los defensores (caballeros hospitalarios, italianos y españoles) decapitando a los prisioneros, crucificando los cuerpos y enviándolos corriente abajo para que llegaran a la fortaleza principal, que luego se conocería como La Valetta, en honor al septuagenario caballero hospitalario francés, La Valette, que dirigió las defensas. La Valette no se inmutó. Ordenó decapitar a los prisioneros turcos y bombardear el campamento otomano no con balas de cañón, sino con las cabezas de soldados decapitados. Envío así un signo de que no habría rendición. El desembarco de los tercios españoles a los meses de iniciarse el asalto turco provocó la retirada otomana.

Los turcos tuvieron que financiar las enormes pérdidas sufridas en la fallida expedición de Malta. Por si fuera poco, dos años más tarde, la famosa batalla de Lepanto marcó el fin de la influencia turca en el mediterráneo occidental[3] y la necesidad aún mayor de recaudar fondos para reconstruir la flota turca.

En este contexto Solimán el Magnífico, estableció una serie de impuestos a pagar por los monasterios de Athos, y anunció que, de no satisfacerse, la propiedad de los inmuebles pasaría al Sultán. En la historia se observa muy a menudo cómo las imposiciones fiscales suelen en ocasiones estar ligadas a derrotas militares, derrotas que

---

[2] El puerto de Malta, en la actual ciudad de La Valetta, es el tercer puerto natural más grande del mundo, el segundo, es el de Mahón, en Menorca, el primero, Pearl Harbour, en Hawaii.

[3] A pesar de tratarse de una victoria de la Santa Alianza, compuesta por España, Génova, Venecia y el Papado, la batalla de Lepanto fue celebrada en muchos reinos de Europa, expuestos al peligro turco.

hacían aumentar la necesidad de fondos para reconstituir al ejército. Las imposiciones fiscales otomanas, que incluían ceder al imperio una séptima parte de la producción de sus campos, cimentaron la decadencia económica de muchos monasterios de Athos, e incluso la desaparición de alguno de ellos, debido a las deudas que asumieron para poder hacer frente a las exacciones, algo que provocó la decadencia de Athos en el siglo XVII, especialmente entre los monasterios menos ricos. En esta época se impuso el cambio progresivo de las comunidades de monjes, que pasaron más intensamente de estructuras idiorrítmicas a cenobíticas (de eremitas a comunidades monacales).

La vida más comunal permitió afrontar las penurias económicas de esta época. La decadencia de Athos durante el siglo XVII, pudo frenarse el siglo siguiente mediante las importantes donaciones recibidas por las comunidades monásticas por parte de países ortodoxos como Rusia, Serbia, Valaquia (hoy Rumanía) o Moldavia. Fue en este difícil contexto en el que se decide, en el siglo XVII y más tarde en 1783 fortalecer la ya aludida Asamblea y la creación del consejo de gobierno para auxiliar al Protos. En 1749 se funda en el monasterio de Vatopedi (segundo en jerarquía de Athos) la Academia Athonias, dirigida por Eugenios Voulgaris. La Academia resulta importante para entender el renacimiento cultural y nacionalista griego, que eclosionaría más tarde en la guerra de la independencia. También supuso la propagación de filosofía y ciencia de Europa occidental entre la comunidad monástica. Con todo, la diseminación de nuevas ideas provocó fuertes enfrentamientos con los monjes, hasta que la academia se acabó cerrando en 1809[4], y el edificio fue incendiado por los monjes más conservadores.

Se estaban viviendo los últimos años de la dominación turca sobre Grecia. En 1821 se inicia el movimiento de independencia griega[5].

---

[4] Speake, p. 121.

[5] Sobre la revolución griega, resulta imprescindible el libro de Mark Mazower, *The Greek Revolution*, 2021.

La siguiente década marcó una heroica y anárquica lucha de griegos contra turcos, para conseguir la independencia, y de griegos contra griegos, para conseguir el poder. El movimiento se gestó entre miembros de una sociedad secreta, los "hermanos amigos" (*Filiki Eteria*) y culminó en diferentes levantamientos, el primero en los Balcanes.

La primera reacción de los turcos consistió en que los jenízaros turcos ahorcaron en Estambul al Patriarca de Constantinopla Gregorio V, así como a varios obispos. Los otomanos sospechaban que la jerarquía eclesiástica ortodoxa había apoyado dicha revuelta, a pesar de que el Patriarca en público la había condenado. Los monjes de Athos se dividieron ante la guerra, los más conservadores aconsejaron prudencia y neutralidad, los más jóvenes sin embargo tomaron las armas y lucharon en la zona de Macedonia, y más adelante intentaron infructuosamente defender el pequeño istmo que proporciona acceso a la península. Como consecuencia, el ejército otomano invadió Athos, lo que generó una importante disrupción en alguno de sus monasterios.

El derecho islámico confiere ante una rebelión la capacidad de esclavizar a rebeldes derrotados, incluyendo mujeres y niños. Esta costumbre se aplicó tras la toma de Quíos, a la que siguió la muerte[6] o la esclavitud de sus 3.000 supervivientes. Tras la toma del vital núcleo de resistencia de Mesolonghi, los turcos ejecutaron de nuevo su "derecho". No contaban con que por aquel entonces las guerras ya poseían un ángulo de propaganda, ángulo clave para poder ganar una guerra a pesar de sufrir una derrota en una batalla. Un famoso cuadro de Delacroix de 1826 mostraba a mujeres griegas esclavizadas por los turcos tras la toma de Chíos y su reproducción masiva a modo de facsímil fue muy relevante para que la población europea se movilizara a favor de la causa griega. Ambos bandos cometieron enormes atrocidades en la guerra de la independencia, pero fueron las turcas las que encontraron mayor altavoz mediático, inclinando así la balanza de la opinión pública, lo que, a la postre, se traduciría en la victoria griega.

---

[6] Varios prisioneros fueron quemados vivos.

El famoso poeta inglés Lord Byron apoyó a los griegos con su exótica presencia (en realidad no llegó a luchar y murió cerca de la costa griega, pero su apoyo proporcionó aún más simpatía por la causa rebelde). Los otomanos habían solicitado ayuda al gobernador de Egipto, Mehmet Alí, que envió sus tropas entrenadas con formación europea, y permitieron a los turcos recuperar muchos enclaves. Atenas fue reconquistada en 1827. Un año antes el Sultán había suprimido al cuerpo de jenízaros en una espantosa matanza. Lo hizo al sentir que el poder del cuerpo había llevado a un calibre que amenazaba la propia institución del califato (algo parecido a lo que ocurrió con los pretorianos y el emperador de Roma unos siglos antes...).

Con todo, la presión de la opinión pública occidental ante las acciones turcas fue tal que Francia, Inglaterra y Rusia enviaron armadas a Grecia para vigilar los movimientos otomanos. Un almirante turco poco avezado, Ibahim Bajá, provocó a dicha flota, lo que supuso en 1830 la destrucción total de la armada turca en menos de media hora, en la batalla de Navarino. Esta derrota permitió afianzar la independencia de Grecia[7]. Para encabezar el reino se llamó a un príncipe de la dinastía de Wittelsbach, de la casa real de Baviera. Como hemos visto, los griegos denominaron *Hellas* a su nuevo país, apelando al antiguo término helénico, que abarcaba a todos los griegos de la Hélade, unión que evocaba a la generada tras la derrota de Leónidas casi 2.300 años antes.

Paradójicamente, la independencia de Grecia supuso un cuestionamiento de la "razón de ser" de Athos, que había mantenido viva la llama de la cultura griega durante los casi 500 años de ocupación. El monte Athos se mantuvo bajo poder turco hasta 1912, si bien su icónico papel sirvió para recibir nuevos fondos de otros países ortodoxos, así

---

[7] Se ha afirmado que la guerra de la independencia griega fue tan violenta que por primera vez en muchos siglos, mujeres y niños fueron acogidos en Athos, violando el *avaton*. Esta acción de caridad se repetiría durante la segunda guerra mundial, y la posterior guerra civil griega, que enfrentó a nacionalistas y a comunistas. Con todo, las fuentes que aluden a ambos episodios son muy cuestionadas.

como para aumentar el número de sus monjes. El imperio otomano, que atravesaba una gran debilidad, presentaba poca capacidad de contrarrestar tales ayudas, ya que la protección de las minorías cristianas se había convertido en el estandarte de la política exterior del poderoso zar de Rusia. Athos se mantendría bajo nominal control turco hasta que una nueva guerra entre griegos y turcos en 1912 en el contexto de la guerra de los Balcanes permitió por fin que la "santa montaña" volviera a estar bajo manos cristianas por primera vez en cinco siglos. En 1913 un cisma entre monjes rusos llevó a una escisión, considerada herética, a ocupar el esquite de San Andrés. Rusia envió una flota de guerra para desalojarlos (y quizás también para intentar dominar el enclave), lo que tensionó las relaciones entre Grecia y Rusia.

En la Primera Guerra Mundial las potencias aliadas, que incluían a Grecia, derrotaron a las "Potencias Centrales", Prusia y Austria, a su vez aliadas con el Imperio Otomano. Al finalizar la guerra, los tratados de Neuilly, de Sèvres y de Lausana reconocieron la soberanía griega sobre el monte Athos, que mantendría su estatus de autonomía. Este estatus jurídico se consolidó mediante una "carta constitucional" del monte Athos, de 1924, que compilaba las diferentes fuentes escritas y orales que habían otorgado la autonomía y la estructura de gobierno de tan peculiar península durante los últimos 1.000 años. La carta incluye también la necesidad de solicitar un permiso, el *diamitrion*, para acceder a Athos, y restringe la condición de monjes a ortodoxos. También recoge por primera vez de forma escrita el *avaton*. La carta fue ratificada por el Patriarca de Constantinopla y por el Parlamento Griego en 1926 en forma de ley, configuración que se recogería en las diferentes constituciones de Grecia.

Esta situación tuvo solo un paréntesis: la segunda guerra mundial. Las tropas alemanas conquistaron Grecia en 1940, y los nazis enviaron una expedición en verano de 1941 ordenada por Alfred Rosenberg, ministro alemán de los territorios ocupados de Oriente, y dirigida por el Profesor Franz Dölger. Para evitar lo peor, una vez más, los monjes solicitaron la protección del vencedor en este caso, Adolf Hitler, quien fue nombrado "Protector" de Athos, apelando a su megalomanía. Hitler aceptó dicho nombramiento, lo que les permitió a los monjes mantener su particular autonomía sin ser molestados. La situación en la segunda guerra mundial fue algo anómala. Los monjes rusos eran tradicionalmente partidarios del zar, y, por lo tanto, furiosamente opuestos a los comunistas que habían tomado el poder en Rusia en 1917, de ahí que la invasión de la Unión Soviética por los alemanes en 1941 generara simpatías hacia los alemanes entre dichos monjes en Athos, de lo que han surgido testimonios de que se alzaron retratos de Hitler (y del Zar) en reductos en Athos en manos de monjes rusos como San Pantaleón. Con todo, existen testimonios que muestran cómo fugitivos aliados fueron protegidos en Athos y posteriormente se les facilitaron los medios para su huida (al igual que el español del siglo XVI fugado de las prisiones turcas aludido al principio de este libro). La guerra mundial fue también muy violenta en Grecia: Se calcula que entre un 7% y un 11% de la población griega pereció durante la contienda. A pesar de que las películas nos han bombardeado con el icónico papel desempeñado por la resistencia francesa, la realidad es que la resistencia más importante, en términos relativos a su población y a bajas alemanas, fue la griega.

A la segunda guerra mundial le siguió la terrible guerra civil, desarrollada entre griegos comunistas y no comunistas. La victoria de los anticomunistas permitió asentar a Grecia en el bloque occidental, y tras la consolidación de su democracia en los años setenta, el país entró en 1981 en la Comunidad Económica Europea, hoy Unión Europea. La Unión Europea ha financiado la reconstrucción del patrimonio cultural de Athos desde entonces. En el tratado de adhesión, Grecia incluyó el especial estatus jurídico del monte Athos consignado en sus constituciones, de ahí que cuando se haya llevado al Parlamento Europeo la idoneidad de que en un territorio de la Unión rija una disposición que prohíba a las mujeres su libre circulación se haya aludido a dicho tratado de adhesión como fuente de derecho para sostener tan peculiar situación en la que se restringe la libertad de movimiento vigente en el resto de la Unión. En 1988 la Unesco declaró a Athos patrimonio de la humanidad.

Monasterio ruso San Panteleimon

XXXIII

Restauración códice

XXXIV

Monasterio ruso San Panteleimon

Vista desde el mar del monasterio de Xenophontos, siglo XI

XXXV

Vista del interior del monasterio de Hilandar

Frescos de la iglesia de la esquite de San Basilio

Frescos de la iglesia de la esquite de San Basilio

Catalicón de Hilandar

Iconostario Xenophontos

Costa oriental con Athos al fondo

Navegando hasta Dafni

Monasterio ruso de San Panteleimon siglo XVIII

XXXIX

Refectorio Xenophontos. (Detalle)

XL

Fachada oeste del monasterio de Xenophontos

Fachada oriental del monasterio de Iviron

Monasterio de Stavronikita

Esquite de San Andrés

XLII

Catalicón nuevo del monasterio de Xenophontos

Catalicón nuevo del monasterio de Xenophontos (exonártes)

Costa oriental

Refectorio
Xenophontos

XLIV

Torre bizantina siglo xv, puerto de Ouranópolis

Cerrada la entrada a las 20.30

Con el Higumeno de Hilandar, P. Markovic

En una esquite

Interior Konstamonitu

Protaton de Karyes

XLVII

Iconostasio del Protaton

XLVIII

Detalle de la fachada oriental del monasterio de Iviron

XLIX

Vista interior catalicón monasterio de Konstamonitu

Salida de Dafni

L

Museo del monasterio de Hilandar (Vírgen *odighitria* siglo XII)

LI

Oficina Athos en Ouranópolis

LII

Terraza de una celda del monasterio de Xenophontos

LIII

Vista desde del mar de la fachada occidental del monasterio
de Xenophontos

LIV

Monasterio Xenophontos. Crédito: microgen, Istock

Monasterio de Simonopetra. Crédito: Ivan Vdovin, Alamy Stock Photo

Monasterio Hilandar. Crédito: ververidis
123RF

Karyes. Crédito: sovraskin Flicker

Los Karyes de la comunidad del Monte Athos es una comunidad de monjes ortodoxos orientales en Grecia. Crédito: Maristos Alamy Stock Photo

Frescos del monasterio Santo de Xenophon en Athos, Grecia. Crédito: Dmitri Kalvan, Istock

Paredes cubiertas de iconos bizantinos. El Santo y Gran Monasterio de Vatopedi: un monasterio ortodoxo oriental en el Monte Athos, Grecia. Crédito: Adam Ján Figel, Alamy Stock Photo

La vida y la mística de los monjes de Athos

Los monjes de Athos visten sotanas (*zostikos*) de riguroso negro, cubiertas de mantos de seda negra (*mandros*). La cabeza la cubren con una tiara cilíndrica llamada *kalimafi*, tiara que en las ceremonias se recubre con un velo negro a su espalda. Suelen llevar el pelo largo, anudado en la nuca en una coleta, y barbas hirsutas, también muy largas. En conjunto, conviven en Athos unos 2.000 monjes (aunque se estima que el número llegó a un máximo de 40.000, con unos 7.500 en 1905, marcando mínimos en los años sesenta).

Los monasterios se encuentran en ambas orillas de Athos y se conectan o bien por mar, o bien por caminos, generalmente de tierra. Normalmente están protegidos por murallas intercaladas de altas torres, debido a la histórica relación de la península con los ataques de los piratas. En el centro, en un patio, se erige la iglesia, o catolicón, que suele contar con varias cúpulas. Las murallas a menudo presentan hacia fuera y hacia dentro unas galerías de madera, que dan a los pabellones que acogen las habitaciones de monjes y peregrinos. En ocasiones las habitaciones se construyen en la galería superior, saliendo de la propia muralla, siguiendo una tradición turca. En muchos monasterios dicha construcción queda ensalzada al hallarse a orillas del mar, o incluso junto a imponentes acantilados, lo que permite disfrutar de vistas inolvidables.

Entendamos en este capítulo alguno de los aspectos más cotidianos de la vida en Athos.

CALENDARIO JULIANO, HORA BIZANTINA

Athos se rige por la hora bizantina; el único otro sitio en el mundo en el que esta hora también rige es el monasterio griego de la Gran Laura de San Sabas, cerca de Jerusalén[1]. La hora bizantina supone que se cuentan las horas desde el anochecer. Obviamente la hora varía en función del año, ya que los días más cortos hacen que el cómputo de la hora bizantina comience antes y viceversa[2] y por eso es normal encontrar dos relojes de pared en muchas salas, uno con la hora bizantina, otro con la "nuestra". En general la hora bizantina suele anteceder a la hora "continental" entre tres y seis horas. Además, Athos sigue el calendario Juliano, impuesto por Julio César el año 45 antes de Cristo, que medía el año en intervalos de 365,25 días, de ahí el bisiesto cada cuatro años. Con todo, el calendario correcto se acercaba más a 365,2425 días, como calculó el matemático jesuita Cristóbal Clavio en el siglo XVI, por lo que el calendario de Julio César había venido arrastrando un error en la medición durante más de 1.500 años. Para remediarlo, el calendario juliano fue abolido por el papa Gregorio XIII y reemplazado por el "gregoriano" en 1582 para de esa forma corregir los defectos. Este cambio supuso la eliminación de diez días de golpe, diez días que fueron ampliándose a medida que pasaron los siglos, y por eso hoy en día existe una diferencia de trece días entre ambos calendarios, de forma que por ejemplo nuestro 1 de junio será vivido por los monjes de Athos trece días después.

---

[1] Como contraste, muchas culturas en la antigüedad contaban también el tiempo desde el amanecer.

[2] A modo contrario, se cree que la elección de la fecha en la que se atribuyó el nacimiento de Jesús presenta un significado simbólico: su cercanía al solsticio de invierno emana el momento en el cual la luz comienza a vencer a las tinieblas.

Aunque las potencias católicas asumieron el nuevo calendario de inmediato, el resto de Occidente fue poco a poco adoptando el calendario gregoriano. Tal es así que, aunque por ejemplo se afirma que tanto Cervantes como Shakespeare murieron el mismo día (23 de abril de 1616) en realidad el inglés murió diez días después que el español, ya que Inglaterra seguía por entonces usando el calendario juliano (adoptaría el gregoriano en el siglo XVIII). Rusia no adoptó el gregoriano hasta la revolución de 1917 (que en Occidente fue en noviembre, pero en la Rusia zarista ocurrió en octubre según el calendario juliano). La Iglesia Ortodoxa cambió al gregoriano en marzo de 1924 con la oposición de monjes de Athos, de ahí que el calendario juliano siga siendo aplicable en Athos[3].

TRADICIÓN IDIORRÍTMICA O CENOBITA

La vida de los monjes se puede estructurar según si estos se rigen por la tradición cenobítica o idiorrítmica. La tradición cenobítica comprende la vida monacal en común organizada por una regla en torno a un monasterio. En la idiorrítmica, los monjes tienen propiedad privada, trabajan para sí mismos, y son responsables de adquirir los alimentos que necesitan. Los monjes de tradición idiorrítmica suelen vivir en sus celdas, en muchas ocasiones en total soledad, buscando así facilitar su unión con Dios. Solo se encuentran con otros monjes en celebraciones litúrgicas.

En ocasiones los monjes de tradición idiorrítmica han vivido en monasterios según sus propias reglas; en 1961 nueve de los veinte monasterios seguían la tradición idiorrítmica. Con todo poco a poco la tradición monacal había virado hacia la cenobítica (entre 1968 y 1992 los nueve se pasaron al cenobismo), manteniéndose la idiorrítmica en las celdas y esquites, de forma que a fecha de hoy algo más de la mitad de los monjes son cenobitas y el resto idiorrítmicos[4].

---

[3] La iglesia ortodoxa ucraniana también usaba el calendario juliano para celebraciones como la Navidad, pero a resultas de la invasión rusa de Ucrania de 2022 comenzó a utilizar el calendario gregoriano, como forma de oponerse culturalmente a Rusia.

[4] Speake, 185.

ESQUITES Y CELDAS

Como hemos visto, los monjes habitan "lauras", pequeñas ermitas, o celdas, en Athos, desde al menos el siglo IX. La fusión de varias lauras da lugar al primer monasterio. Además de monasterios, existen en Athos edificios más pequeños en los que vive un número de monjes entre dos y cinco. Se llaman esquites. Esquite es un término que parece provenir del copto haciendo referencia a los ascetas y a la ascesis y a la tradición de ese tipo de comunidades en Egipto y en Judea. Se popularizaron a partir del siglo XIV. Algún esquite se compone de monjes de nacionalidades concretas, como la rumana (esquite de Lakkoskiti, dependiente del monasterio de San Pablo). En muchos de estos edificios los monjes suelen desempeñar un oficio por sustento. Todos las celdas o esquites están adscritos a un monasterio desde 1661. Suelen ser idiorrítmicos, y cuentan con un prior elegido anualmente. A su vez, los eremitas de Athos siguen viviendo también en "celdas", las antiguas "lavras" desde al menos el siglo VIII. En este caso llevan a cabo una vida solitaria, y los monasterios les nutren de provisiones.

LA COMIDA Y EL VINO EN ATHOS

Cuando suenan tres golpes del *simandra* o *simantron* (barra de hierro) o del talanto (trozo de madera usado en vez de una campana) se anuncia que los monjes han de acudir al refectorio para comer. Las comidas en los monasterios tienen lugar en los refectorios. Se llaman *trapezan*, ya que *trapezoi* significa "banco" en griego[5], y los bancos que rodean las largas mesas son representativos de los refectorios. Los bancos suelen ser largas mesas de mármol o de madera. El *trapezan*

---

[5] A modo de curiosidad, empleamos en nuestro idioma la palabra banco para referirnos al sitio para sentarse y a la entidad financiera, debido a que las transacciones financieras más antiguas se hacían sobre bancos, que cuando perdían el crédito se rompían (de ahí el término "bancarrota"). Pues bien, los financieros de la Atenas clásica se denominaban *trapezoi*, precisamente por el mismo motivo: llevaban a cabo sus transacciones sobre bancos.

es antiguo edificio frente al catolicón repleto de antiguos frescos. En unos bancos se sientan los monjes, en otro, los peregrinos.

La comida, como es preceptivo, se realiza en silencio. Suele estar compuesta de queso, huevos, verduras, lentejas, pasta, patatas, fruta y ocasionalmente, de pescado en los días festivos. Me dijeron que la carne se tomaba muy rara vez, solo se da a un monje enfermo por prescripción médica. Los monjes llevan a cabo una dieta de "ayuno intermitente", tan de moda hoy en día…. Los martes, jueves, sábados y domingos son días de no ayuno, y comen dos veces, hacia las 11 y hacia las 19 horas. El resto de los días, de "abstención" comen solamente una vez, al anochecer, una dieta consistente en verduras, frutas, lentejas, pan, y queso, sin el aceite de oliva que sí se usa en los días de no ayuno.

La comida de Athos genera todo tipo de reacciones. Pedro, el español que recorre Athos en el siglo XVI afirma:

> La principal cosa que sacaron fue habas remojadas de la noche antes en agua fría y con unos granos de sal encima, sin moler, tan grandes como ellas, y tras esto un plato de azitunas sin aceite ni vinagre, que yo quando las vi pensé cierto que fuesen píldoras de cabras, porque no eran mayores; añadieron por los huéspedes tercero plato, que fue media cebolla[6].

Otros viajeros la han descrito como "hostil para los estómagos europeos"[7]. El argentino Alberto Candioti afirma "en Athos se come mal y poco", y al terminar su periplo expone "esa noche soñamos con nuestra tierra argentina, con el churrasco criollo, con el asado con cuero y con las empanadas cordobesas"[8]. Con todo, la realidad es mucho más compleja. Un monje de Athos, que vivía en un esquite dependiente del monasterio de Xenophontos, se especializó en la rica tradición culinaria de la península, y parece que enseñó sus recetas y su oficio a otro monje (Epifanios) antes de morir, para así

---

[6] *Viaje a Turquía.*
[7] Acantilado, 2007, p. 36.
[8] Candioti, p. 433.

mantener la tradición. Las recetas están publicadas en el libro del referido monje Epifanios Milopotaminos *The Cuisine of the Holy Mountain Athos*, de 2010.

Se han llevado a cabo estudios sobre la dieta de Athos, para entender si puede estar asociada a la sorprendente longevidad de los monjes y menor tasa de cáncer. Entre 1994 y 2007 se llevó a cabo un análisis entre 1.500 monjes para entender la relación entre su dieta y su salud[9]. Ninguno dio positivo en cáncer de pulmón o de intestino, y solo 11 (el 0,73%) dio positivo en cáncer de próstata. Se afirmó que estos resultados podrían estar relacionados con una dieta rica en proteínas vegetales, y a la alternancia del ayuno. Quizás el trabajo físico que llevan a cabo los monjes también esté relacionado con estos resultados.

El vino también está presente en las comidas. La mayor tradición proviene del monasterio serbio de Hilandar, que cuenta con una importante bodega sita en el antiguo astillero. Según la leyenda, tras la muerte de San Simenón, el rey fue enterrado en el jardín del monasterio. A los pocos años, su tumba fue trasladada a Serbia, y pronto comenzaron a crecer una serie de viñedos sobre el mismo paraje. Al convertir las uvas en vino, observaron que se trataba de un caldo de mucha calidad y eso originó la tradición de viticultura que impregna a Hilandar. Además, las uvas que brotan de la viña donde se hallaba la tumba son tradicionalmente asociadas a la fertilidad, y se envían a parejas sin hijos que anhelan poder concebirlos. Dada su tradición vinícola, y apreciando la capacidad para generar ingresos para el monasterio, los monjes de Hilandar construyeron una moderna bodega junto al mar. Nos dieron a probar alguno de sus vinos, y resultaban excelentes. Nos explicaron que Hilandar produce 100.000 botellas de vino al año, tanto blanco, como rosado como tinto. Una gran parte de la producción se exporta, lo que permite financiar al monasterio, junto con las donaciones de la diáspora.

---

[9] Karras et al. "Health benefits and consequences of the Eastern Orthodox fasting in monks of Mount Athos: a cross-sectional study", *The End to End Journal*, 2018.

En el resto de monasterios el vino es bastante aceptable. En las cenas se ofrece además vino de resina, de un sabor muy particular. Un amigo y colega mío, el Doctor Milo Jones, me comentó que visitó Athos cuando abandonó su puesto de oficial del Cuerpo de Marines, hará unos treinta años. Le acompañaba otro ex oficial del cuerpo. Durante una cena olieron el vino, y les pareció de muy mala calidad. No obstante, se miraron y se dijeron mutuamente en voz baja: "por el cuerpo de Marines" dispuestos a acabar con el vino de un solo trago. Antes de hacerlo, un monje se les acercó corriendo y les dijo: "no se lo beban... ¡eso es el vinagre!".

EL ARTE EN ATHOS

El arte en Athos reside fundamentalmente en la imponente arquitectura de sus monasterios, y en la tradición pictórica, sobre todo a través de los iconos. La mayoría del arte pictórico de Athos proviene del periodo Paleólogo (desde 1261), aunque hay iconos anteriores. Los motivos de los iconos son muy variados. Hemos descrito antes un icono sobre la "dormición" de la virgen, cerca de Hilandar. También son comunes los iconos que tratan de la *Anastassia*, o resurrección de Jesús y bajada al infierno para liberar las almas atrapadas allí. Otro tipo de icono es el llamado "el ojo que todo lo ve", representando a Jesús de niño. Contemplé también otro icono de *Parasiseba*, una santa bizantina con unos ojos que la hacían tan atractiva que el emperador se arrebató por ella. Para remediarlo, la santa se arrancó los ojos...

En Karyes destaca su antiquísima iglesia, *Protaton* (siglo X), en la que se haya el icono más famoso de Athos, el llamado *Axion Estin,* que significa "Santa Eres". Su veneración es tal, que cuando se expuso en Atenas durante un par de semanas centenares de miles de griegos pasaron a visitarlo, según nuestro guía. *Axion Estin* hace referencia a la virgen de todos los santos, con el mensaje "en ti se regocija la humanidad". Se halla en la zona sagrada de la iglesia, y aunque no éramos ni ortodoxos ni sacerdotes, se nos permitió entrar para apreciarlo. La leyenda mantiene que, frente al icono, el arcángel san Gabriel reveló un importante himno homónimo que se usa frecuentemente en las ceremonias ortodoxas. *Axion Estin* es la reliquia más preciada de Athos, reliquia que además es considerada protectora de la península. El icono está recubierto en su mayor parte de plata, oro y piedras semipreciosas, y presenta las marcas de los sellos de los veinte monasterios de Athos.

En Athos destacan las pinturas de Manuel Panselinos (principios del siglo XIV). El realismo de sus pinturas contrasta con la linealidad seguida hasta la fecha por otros pintores de tradición bizantina, hasta el punto de que Panselinos ha sido comparado con Giotto. Según el Protos, sus pinturas fueron clave para reemplazar las pérdidas acaecidas durante la invasión almogárave y antes de dicha invasión, por las *razzias* de los piratas turcos. Admiramos como ejemplo una obra suya de Juan Bautista que se encuentra en Karyes en el *Protaton*. También se le atribuye una pintura en el catolicón de Hilandar, así como un fresco en la basílica de San Basilio, cerca de Hilandar. En general se han atribuido muchas pinturas de Athos a Panselinos a pesar de sus diferentes estilos, lo que abre la posibilidad a que muchas de estas pinturas fueran elaboradas por aprendices. No se sabe si Panselinos es un pseudónimo, ya que sus primeras referencias aparecen en tratados tres siglos posteriores a su supuesta vida. Miguel, el amigo de Juanjo, me refirió alguna teoría que afirmaba que el verdadero autor tras ese pseudónimo podría ser un tal Juan Astramasa Reanto.

En Hilandar se halla uno de los iconos más famosos de Athos, el "Theotocos de las tres manos" (*Tricherousa*), del siglo VIII, que San Saba obtuvo en Tierra Santa . El icono está protegido en parte por un metal ricamente decorado llamado *riza* dejando sin cubrir las caras de Jesús y de la Virgen que se muestran en una posición denominada en griego *odighitria* ("la que muestra el camino)", ya que la Virgen señala a su hijo, camino de salvación, haciendo referencia al Evangelio de Juan "Yo soy el camino, la verdad, y la vida". Las otras dos formas comunes de representar a la virgen son como "ternura" (madre e hijo comparten mejillas y el niño pasa un brazo alrededor del cuello de su madre) o como "intercesión", que suele mostrar una imagen protectora de la virgen en cuyo regazo se representa a los apóstoles.

En Xenophontos pudimos conocer a un famoso pintor de iconos, el Padre Lucas. Trabaja en una torre del siglo XIX con vistas al mar. Su taller estaba repleto de cuadros y trabajos en marcha. Dos de las cuatro ventanas permitían contemplar el mar mediterráneo, y las otras dos, el monasterio. Con Lucas se hallaban dos monjes más jóvenes, aprendices. Lucas recibía encargos de todo el mundo. A pesar de su fama daba la impresión de ser una persona muy humilde. Según él, el icono une a la gente a pesar de las diferencias ideológicas. El icono, me dijeron, no se pinta, se "escribe". Lucas se disponía a pintar el nuevo catolicón la semana siguiente, tarea que me impresionó, por las dimensiones de dicho templo, y por la edad del pintor.

LA ENCUADERNACIÓN

Cerca de Karyes visitamos también el esquite del monje Calixtos, un conocido encuadernador que sigue las técnicas centenarias de encuadernación transmitidas en Athos. Calixtos era economista, y había trabajado en el Banco de Grecia antes de hacerse monje (espero que la contemplación del déficit y deuda pública griegas hasta 2012 no fuera la causa de semejante cambio). Era mayor, unos 50-60 años, y llevaba un moderno reloj de Apple "iwatch". Nos recibió en la terraza de su esquite, con maravillosas vistas al mar y al verdor que lo rodeaba. Nos ofreció el tradicional *raki*. Le acompañaba un aprendiz rumano que quería mantener el oficio. Calixtos eligió la ocupación de encuadernador "porque quería hacer algo con sus manos" y observaba el riesgo de que se perdiera esta tradición en Athos. Lleva 30 años de monje. Se especializó con un maestro de Athos los primeros 15, y lleva otros 15 años como maestro encuadernador. Sacó un ipad y nos enseñó fotos de sus mejores encuadernaciones. Luego nos mostró su taller. Los evangelios suelen llevar a Cristo crucificado en la portada y a Cristo resucitado en la contraportada, y se le va dando la vuelta al libro en función del momento del día.

Se considera a Athos el corazón espiritual de la ortodoxia. Se debe a su historia, a sus tradiciones y a la intensa mística que las impregna. Observemos alguna de sus características.

LAS VOCACIONES

Las vocaciones de los monjes de Athos pueden ser muy variadas. Para los monjes, el proceso de una vocación implica "morir para volver a vivir". Para esto debe practicar el desapego, y así purificarse para buscar la unión con Dios, proceso denominado *theosis*.

La vocación da pie a acoger la condición de novicio, o *dokymos*. Los novicios afrontan un largo periodo formativo en que el novicio tiene que discernir si quiere vivir la vida del monje. Para ello cuentan con un guía espiritual sacerdote (*pnevmatikos*), que suele ser el higúmeno, o bien un monje mayor (*geron*). Estos consideran si el *dokymos* es apto para la vida monacal, y cuando está preparado se lleva a cabo una importante ceremonia que implica la tonsura del novicio y la adopción de un nuevo nombre.

Nuestro intérprete en Hilandar era un monje joven, de unos 30 años. Hablaba muy bien nuestro idioma, y le pregunté que dónde lo había aprendido. Me contestó; "estuve varios años de camarero en Ibiza". Me quedé reflexionando sobre el tipo de vida que debió llevar como veinteañero en Ibiza, y si de dicha vida surgió luego la necesidad de hacerse monje. En general se pueden ver monjes de muchas edades. En Xenophontos vivía un joven rubio que luego aprendí se trataba de un chico de los EEUU que había abrazado su vocación de monje ortodoxo hace un tiempo.

En Hilandar estuvimos hablando con un novicio serbio muy joven que iba a confirmar su vocación como monje a los próximos días. En ese momento, el higúmeno le confiere un nuevo nombre, nombre que mantendrá de por vida, de mantener la vocación. El novicio nos explicó que la gente le preguntaba que porqué había elegido Hilandar para vivir su vocación. Él respondía: "¿Por qué has elegido tú a tu mujer?"; "estas elecciones se sienten, no se piensan" nos explicaba. Había pasado recientemente dos semanas en Tesalónica y nos comentó "que había acabado muy fatigado, del asfalto y de ver mujeres".

El higúmeno de Hilandar había estudiado ingeniería eléctrica en Belgrado, y había sentido su vocación muy pronto. Hice un cálculo mental y pensé que dicha vocación había coincidido con la guerra de los Balcanes[10]. Le pregunté si el conflicto había influido, pero me contestó que no, que había surgido de la mano de su abuela, que le había inculcado desde niño la fe ortodoxa y su mística. Comentamos también sobre el proceso de formación de los monjes. Nos respondió que es el higúmeno el que selecciona qué monjes pueden prepararse para llegar a ser sacerdotes, y no se les otorga una formación reglada, sino que la formación es más espontanea, muy centrada en la liturgia.

Para el higúmeno de Xenophontos, que nos recibió en su grandioso despacho con vistas al mar, su mayor preocupación estribaba en el impacto de la tecnología en la vida monacal. Según él, antes eran atacados por los piratas, ahora por la tecnología, pero saldrán victoriosos.

LA ASCESIS Y EL HESICASMO

En este punto, corresponde realizar un comentario sobre la práctica de la ascesis en el mundo ortodoxo, y en especial en Athos, lugar que han elegido muchas vocaciones del mundo ortodoxo para intentar conseguir la unión con Dios. Existen tres caminos para lograr la ascesis. El primero es la *apatheia*, que implica el desapego de los sentidos y las emociones. El segundo es la quietud (*hesychia*) que

---

[10] Aún recuerdo una terrible portada de la revista Time de 1993 durante el sitio de Sbrenica. Mostraba una madre agarrada a su bebé, ambos muertos y ensangrentados sobre la nieve al paso de camiones militares.

requiere el desapego del intelecto y la imaginación. El tercero es conseguir un estado de iluminación que consigue la unión perfecta con Dios (*theosis*).

Hemos visto como Protos proviene de "Protos Hesicasmo". Se denomina hesicasmo la doctrina ascética (mística) del cristianismo oriental para conseguir la unión con Dios. Se desarrolló por San Gregorio Palamas en el siglo XIV. Defendía el silencio y la continua invocación interior "Señor Jesucristo, hijo de Dios, ten piedad de mí" para así alcanzar la ascesis semejante a la que obtuvieron los apóstoles en la Transfiguración en el monte Tabor. Esta práctica fue cuestionada por sectores de la ortodoxia, pero acabó prevaleciendo, hasta el punto de que sus seguidores fueron clave para mantener la tradición griega durante la dominación turca. De hecho, sus textos espirituales, o Philokalia, fueron compilados y publicados por primera vez en Venecia en 1782.

LA MUERTE Y LOS OSARIOS

Los monasterios cuentan también con edificios que hacen las veces de "osario". Cuando un monje muere se le reza durante un periodo de cuarenta días, y se ofrece a los monjes un plato de comida llamado *kolivo* en honor al fallecido. El cadáver es asegurado por unas cuerdas (*schema*) y su cabeza cubierta por un *koukoulion*, tocado ceremonial de la iglesia ortodoxa. El monje finado es recordado en plegarias durante tres años en las liturgias, y su nombre incluido en un libro memorial llamado *kuvara*. A los tres años del deceso, el cuerpo es exhumado, si la osamenta aún retiene trozos de carne el cuerpo es vuelto a ser enterrado (la permanencia de carne puede ser interpretada como signo de impureza), y los que no, pasan al osario, en el que se exponen a la vista[11]. Nos contaron que en Athos era común el arte fúnebre consistente en pintar calaveras acumuladas en criptas.

---

[11] *Mount Athos & Meteora Study, The History of Orthodox Christian Monasteries in Greece.*

Esta tradición varía, entre pintar los años de nacimiento y muerte del monje propietario de la calavera hasta unas representaciones pictóricas más elaboradas y coloridas, como la que desarrollan los monjes rusos de San Pantaleón.

LA LITURGIA Y LOS CATOLICONES

Al anochecer se cierran las puertas de los monasterios. Los monjes acuden a sus celdas, y los peregrinos bien a amplias salas repletas de camas en donde reposan, bien a celdas con camas individuales o dobles. A partir de las tres o cuatro de la mañana comienza a escucharse el tamboreo de los *simandras* que llaman a la liturgia en claves que solo los monjes suelen interpretar. Algún viajero alude al uso de los *simandras* en vez de campanas a imposición durante el dominio turco. Pedro, el español que describe el monte Athos en el siglo XVI escribe que "las campanas congregan a mucha gente, y existe mucho cristiano en territorio otomano".

Las liturgias tienen lugar en las iglesias, o catolicones. En general, los catolicones se estructuran con una cúpula central, apoyada sobre cuatro arcos de medio punto que se soportan en pilares aislados. Existen cúpulas más pequeñas que coronan el nártex y los ábsides, y en el exterior se hayan domos o lucernarios[12].

La visita de un catolicón genera gran impresión. La primera sorpresa consiste en cómo su construcción juega con la intensidad de la luz exterior que accede al templo, lo que inmediatamente evoca una sensación de misterio que enlaza con el significado religioso del lugar. La decoración es muy rica, con elaboradas pinturas que llenan todas las paredes y que hacen fluir el misterio del rito junto con profundos cánticos y aromas de incienso. Como veremos, son todos estos elementos que hacen tan particularmente mistérica de la liturgia ortodoxa.

---

[12] Acantilado, p. 46.

Los catolicones en Athos se estructuran como el resto de los templos ortodoxos, con cierta influencia a su vez de los templos griegos. El fiel entra desde un zaguán exterior (exonártex), decorado con frescos con imágenes anticipatorias de lo que le espera. Funciona como "antesala del cielo" de la primera sala, o nártex. En ocasiones junto al exonártex se halla una fuente porticada (*fiali*) para purificarse.

El nártex actúa como primera sala cubierta. Suele estar muy decorada con frescos e iconos. Es en el nártex donde suelen quedarse los no ortodoxos cuando tiene lugar una ceremonia. El nártex es usado por el fiel para prepararse antes de entrar a la nave principal, que actúa como templo propiamente dicho (santuario)[13]. El nártex se separa de la nave principal por la llamada "puerta real". Sobre la nave principal se halla una cúpula, que suele representar a Jesús Pantócrator, en general dirigiendo su mirada al altar. La nave suele presentar otras cúpulas auxiliares sobre los coros, situados a ambos extremos. Ahí es donde se reúnen los fieles y el resto de los monjes no sacerdotes, para seguir la oración. El nártex y la nave poseen reclinatorios junto a las paredes, en los que puedes apoyarte en momentos de la extensa liturgia.

Las imponentes lámparas colgadas del techo contienen, aparte de cirios, huevos de avestruz, ya que en teoría repelen a los insectos. Suelen estar hechas de cobre, y en ellas figura la doble águila de Bizancio. En las iglesias de Athos también se pueden observar, aparte de iconos y de reliquias, todo tipo de regalos ofrecidos por los fieles. Se dividen en provotos y exvotos. Los primeros son regalos ofrecidos para pedir algo. Los segundos, para agradecer algo. Se encuentran medallas, imágenes, relojes, espadas militares... y son muy frecuentes.

La zona que contiene el altar, a la que solo pueden acceder los sacerdotes, se llama *bema*. Allí los sacerdotes pronuncian la *epiclesis* (invocación al Espíritu Santo), algo que los fieles escuchan, pero muchas veces no ven. El motivo es la separación del altar, que se

---

[13] En Athos suele haber una sala intermedia, llamada *liti*.

realiza mediante una puerta denominada "puerta santa" porque hace referencia a la "puerta del reino de los cielos", ya que en su interior se alberga el Evangelio. Las puertas están bordeadas siempre por un retablo o *iconostasia*, que incluye a la derecha una imagen de Jesús y a la izquierda una de la Virgen, con los apóstoles en la parte superior y los arcángeles Miguel y Gabriel en los extremos. También suele figurar San Juan Bautista, a la derecha de Jesús, y el santo al que está dedicado el templo, a la izquierda de la Virgen. Las pinturas de los arcángeles suelen coincidir con pequeñas puertas llamadas "de los diáconos", que dan acceso a salas laterales a las del santuario. Las capillas que protegen a izquierda y derecha del altar se llaman *prótesis* y *diakonicon*. Contienen dos pequeñas sacristías.

La llamada de los *talantos* hacia las 3 de la madrugada hace convenir a los monjes al catolicón, y se inicia una liturgia que dura unas cuatro horas, tras la que sigue el trabajo, y a media mañana, el desayuno. El culto sigue el antiquísimo rito bizantino. La liturgia ortodoxa, me comentó Juanjo, prima la imagen sobre la palabra, en tanto que la católica, prima la palabra sobre la imagen ("aquí se "liturgizan", en España se "catecumenizan", me explicó). Las puertas "de los cielos", que como hemos visto protegen el altar, en ocasiones se abren y se cierran junto a una cortina, lo que aumenta la sensación de misterio. En general, los monjes se agrupan en lados opuestos de la nave, y llevan a cabo sus mistéricos cantos en griego bizantino. Los monjes entraban y salían continuamente, santiguándose "a la ortodoxa" (arriba, abajo, derecha, e izquierda, siempre con varios dedos) ante la visión de cualquier imagen u objeto de culto, cubriéndose y descubriéndose sin parar. Estas ceremonias se repiten con diferentes duraciones hasta la última, de "completas".

Durante la liturgia recordé las "Vísperas" de Rachmaninov, que tanto se asemejaban la ceremonia que estaba contemplando, ceremonia que aunaba cantos, imágenes y lecturas. Los inmersivos milenarios coros no están acompañados de ningún instrumento, lo que confiere de aún mayor misterio a la ceremonia. Atanasio me explicó que tanto el griego bizantino empleado en la liturgia como el griego original en la lectura del Evangelio (el mismo en el que se habían escrito) hacía que esta resultara incomprensible para los griegos actuales. Como señala Jorge Dezcallar en *El anticuario de Teherán*, algo parecido a lo que ocurría en las misas católicas hasta el Concilio Vaticano II; se ganó comprensión, se perdió misterio, y la religión consiste en ocasiones en una combinación de ambas....

Atanasio me explicó que se celebran unas cien liturgias al día en Athos, cada una de unas cuatro horas de media (la de Pentecostés y otras señaladas, son más largas, duran toda la noche), y esto de una forma continua durante los últimos mil años...

Epílogo: la montaña mágica

Este autor no tiene vocación de monje. He visitado una cuarta parte de los casi doscientos países que existen en nuestro mundo. Vivo con mi mujer y mis cuatro hijos. Trabajo en el sector financiero y llevo veinte años dando clases. En mi juventud, fui tuno, tradición que ensalza la música, los viajes y cierta (bastante) voluptuosidad. Con todo, tal y como he comentado más arriba, me he quedado en ocasiones durante cortos periodos de tiempo en monasterios benedictinos. Un antiguo jefe y hoy querido amigo, Tino Gómez, me dijo hace muchos años que la vida comienza a rodar como una bola, alcanza su inercia y muy pocas veces tienes la ocasión de abandonar dicha inercia para poder mirar a la bola desde fuera y contemplar si lleva la dirección que quieres.

Pensaba que esos pequeños retiros bajo la regla de San Benito me harían bien en este respecto.

En el monasterio del Paular, una antigua cartuja en la sierra de Madrid hoy ocupada por monjes benedictinos, en la que me he hospedado varias veces, pude redactar una parte de mi tesis doctoral, e incluso elegir las lecturas de mi boda. En el monasterio de Santo Domingo de Silos tuve la fortuna de ser el único huésped. La comunidad monástica celebra la liturgia de la mañana con sus muy famosos cantos gregorianos, y hallarme solo en aquella ocasión me conmovió. El hermano hospedero me animó a que visitara el monasterio uniéndome a algún grupo de turistas. Por la tarde lo hice. Me sorprendió ver el mal aspecto del grupo con el que me había juntado. Una persona algo mayor que el resto hacía las veces de guía. Los visitantes se portaban de una forma poco respetuosa, hasta el punto de que se colgaban de alguna de las centenarias columnas. Al cabo del tiempo aprendí que se trataba de un grupo de presidiarios de permiso, y el guía era un sacerdote que los acompañaba. Al terminar la visita acabamos en la típica sala que vende objetos de recuerdo. En dicha sala estaba disponible un libro de visitas en el que cualquiera podía escribir lo que quisiera. Uno de los turistas de mi grupo, quizás el que peor pinta tenía, se acercó, escribió, y luego se marchó. Yo no pude reprimir mi interés, así que me acerqué a leer. Decía lo siguiente: "Porque algún día vuelva a ser feliz, aunque no recuerdo la última vez que lo fui".

Me estremecí.

Hoy en día en que se afirma que muchas sociedades occidentales están en la fase de ser post cristianas, mucha gente busca la espiritualidad en el yoga, o en el tantra, o en ritos animistas. En realidad, muchas aseveraciones sobre las sociedades post cristianas son matizables. El libro de Tom Holland, *Millenium*, plantea cómo la inmensa mayoría de las políticas que defendemos son consecuencia directa de las ideas del cristianismo, lo que supone su mayor triunfo. Piénsese en la solidaridad asociada las pensiones, a la atención hospitalaria pública, a la educación gratuita… hasta cuando un partido político defiende los derechos de los inmigrantes puede que esté defendiendo un postulado muy coincidente con el cristianismo. Estamos muy impregnados de sus 2.000 años de existencia, lo veamos o no. Si analizamos la espiritualidad, parece que todos en mayor o en menor medida podemos sentir cierta llamada, como si estuviéramos programados al respecto, seamos o no religiosos. Con todo, es interesante la larguísima tradición que la cristiandad presenta en lo que respecta a la espiritualidad, y lo mucho que la obviamos a la hora de buscar espirituales experiencias más provenientes de oriente.

Esta búsqueda en el cristianismo presenta una rica historia, desde los primeros eremitas y las primeras comunidades de monjes, pasando por la patrística y la espiritualidad medieval y moderna, esta última en sus vertientes ortodoxas, protestantes y católicas.

El autor del presente libro llevó a cabo los "Ejercicios espirituales" de San Ignacio en una variante denominada "en la vida diaria" de forma que se realizan durante unos nueve meses con una dedicación de una hora al día, en lugar de su tradicional formato de cuarenta días recluido a tiempo completo. Fue una de las experiencias más felices de mi vida. Me permitió discernir qué quería de verdad, y qué me impedía llevarlo a cabo. Me ayudó a cultivar cierta indiferencia hacia lo pasajero, y a través de ella sentir mucha más libertad. Aprendí más tarde que también se ofrecían estos "Ejercicios espirituales" para ateos, algo que entendí con el tiempo. Cuando, unos años después, leí libros sobre la filosofía estoica y especialmente las *Máximas* de Epicteto me sorprendió el grado de paralelismo que existía con los "Ejercicios" de San Ignacio.

Muchas lecturas con las que me he documentado afirman desde hace tiempo que sitios como Athos están llamados a desaparecer. Así, en su relato de finales del siglo XIX, Vogüé afirma:

> Antes de dejar este reducido universo en el que todo nos habla del pasado, habría que interrogarlo a propósito de las incógnitas de su porvenir. Después de cuanto hemos dicho, parece fácil predecir este último: una disolución, lenta, muy lenta seguramente, a que debes superar la doble garantía de longevidad que el espíritu religioso y el espíritu oriental dan a sus instituciones; pero, pese a todo, una disolución segura[1].

Y termina su relato celebrando su vuelta al mundo "normal" así:

> Este canto de amor que se elevaba en la aurora era la primavera de Dios, la vida resucitada: sintiéndola renacer, nos preguntábamos si no habríamos soñado todo ese viaje quimérico a los lejanos siglos,

---

[1] Acantilado, p. 85.

al viajo Bizancio, a la tumba: dudando de su difuminada realidad, nos giramos una vez más en busca de la Santa Montaña: la masa negra del Athos se hundía en las profundidades marinas, tal y como el pueblo caduco que lo habita se hunde en el pasado[2].

El autor no hace sino reforzar muchos vaticinios emitidos durante siglos augurando el final de los monjes de Athos. Sin embargo, las estadísticas que he ido consultando muestran lo contrario[3]. El número de monjes aumenta desde los años 70, y la edad media, disminuye. Quizás esta tendencia sea pareja a la referida búsqueda de la espiritualidad.

De hecho, de nuevo, el autor ruso Strájov realiza una descripción de la vida de los monjes diametralmente opuesta a la efectuada por Vogüé, aludiendo a la diferencia entre placer y felicidad, tomado a su vez de *eudaimonia* según el concepto de Aristóteles que hace referencia a una vida feliz, no a una vida placentera:

> Consideran un pecado sucumbir al abatimiento y la tristeza, e intentan mantener alejados esos sentimientos. Pero lo más importante es que para ellos su vida —por su esencia misma— es una vida feliz, llena de las mejores alegrías que el hombre ha alcanzado en la Tierra (…) La opinión equivocada que se tiene de la vida de los monjes, creo yo, se origina en dos puntos importantes: el concepto erróneo que suele tenerse de sus *privaciones* y el concepto erróneo que también se suele tener de sus *trabajos*. A menudo los seglares, con una incomprensible desvergüenza, se dedican a compadecer a los monjes porque éstos se privan de dos grandes bienes: la carne y las mujeres. ¡Como si la lujuria de la carne fuera el gran ornamento de la vida humana! Sim embargo, la mayoría, ya lo sabemos, profesa esta fe, por eso en todo el mundo civilizado se rinde culto —amplia y celosamente— al estómago y a la espalda. Pero no hay que olvidar que este culto no puede, de ninguna manera, colmar nuestra vida de una felicidad plena; se trata de alegrías que pronto palidecen y por lo general terminan así: la persona cae en una penosa y lamentable esclavitud de su propio estómago y de su propia espalda. En cuanto

---

[2] Acantilado, p. 94.

[3] Graha Speake en *Renewal on Paradise* ofrece estadísticas del número de monjes de Athos.

a las mujeres, no en vano esto siempre va unido a un sentimiento de vergüenza, indicio inequívoco dl pecado y del mal, como bien apuna Schopenhauer. Y bien, ¿por qué hemos de considerar infelices a estos seres que se hallan definitivamente libres de todo cuanto puede conducir a la esclavitud o despertar vergüenza?[4]

Y más adelante prosigue (pp. 138-9):

Pero ¿por qué nos parece algo tan difícil y tan amargo? ¿Será que nos resulta insólita una ocupación que se come doce o veces hasta quince horas al día? De ninguna manera. Pensemos en un científico, en un estudiante, incluso en un escolar que de la mañana a la noche está sentado frente a las matemáticas o al griego o al sánscrito. (…) ¿Acaso es poca la gente a nuestro alrededor que no tiene lo que se llama "un minuto para respirar"? (…) Y sin embargo estas actividades ni con mucho nos asustan tano como nos asusta la oración. (…). "si de verdad oramos, si de verdad no dirigimos a Dios, la plegaria hace que nuestra alma alcance un estado superior de inmenso regocijo. Pero llegado este momento creo que hay que acudir a la reflexión que hace Platón (en Protágoras) cuando habla de la bondad del alma, es decir, que ser bueno es muy fácil, pero volverse bueno para alguien que no lo es, es muy difícil. Lo mismo ocurre con la oración: es dulce para quien está sinceramente dispuesto a orar; pero es tan raro que sintamos esta disposición, es tan difícil que despertemos en nosotros, aunque solo sea por unos instantes, una pizca de este espíritu, que todo oficio eclesiástico suscita en nosotros una lucha insufrible, y un tedio gigantesco, y para muchos representa, incluso, un auténtico martirio.

Hemos visto cómo la tradición eremítica floreció en Egipto, Palestina y Siria, y que posteriormente viajó a Europa, tanto a Athos como a otras zonas. La tradición cenobítica de vida en común también es muy antigua. Quizás las comunidades del Qumran, precristianas, ya seguían un modo de vida así, y esa tradición pasaría a San Antonio, quien en el siglo III la desarrolló también en Egipto. También, como hemos visto, esta tradición se traslada a Occidente a través de San Benito y Montecasino en

---

[4] Acantilado, p. 125.

el siglo VI y a Athos a través de San Atanasio en el siglo X. En la baja edad media, la vida conventual se llevó hasta el sorprendente extremo de unir la condición de monje a la de soldado, a través de la "nueva caballería" (en denominación de San Bernardo) de la Orden del Temple[5], idea que fue pronto adoptada por la más antigua Orden del Hospital, que, aunque había comenzado con una labor asistencial hacia enfermos, pronto imitó a los templarios y se militarizó. El final de las cruzadas significó el principio del fin para estas órdenes monásticas militares (aunque los Hospitalarios se reinventaron defendiendo primero Rodas y más tarde Malta), pero no para la tradición monástica, que seguiría en pie, tanto en conventos de hombres como de mujeres.

Joseph Campbell, siguiendo la teoría del inconsciente colectivo de Jung, escribió los fascinantes libros *Las máscaras de Dios*, que intentaban dar a conocer al ser humano a través de la mitología comparada en muy diversas civilizaciones, con evidentes nexos en común. Como todos sabemos, la vida monacal también se da en otras civilizaciones como la budista, o la hinduista lo que pudiera ser un reflejo de nuestra antropología. También la vida eremítica se ha cultivado en otras civilizaciones.

En nuestras mentes, el que se lleven a cabo liturgias de cuatro horas, o incluso durante toda una noche como la de San Pentecostés, nos escama. El concepto de tiempo cambia totalmente cuando has decidido dedicar tu vida a ser monje. Es la idea que intenta transmitir el documental "El gran silencio", de 2005, documental que durante casi tres horas intenta mostrar la vida diaria de los monjes en la Gran Cartuja, en los Alpes. Los cartujos presentan una regla muy especial, ya que están solos la práctica totalidad de la semana, y los actos comunes se reducen al máximo. El tiempo ha dejado de ser la dimensión más importante, y quizás así se consiga alterar el curso y la inercia de la famosa rueda.

---

[5] La fuerza móvil de choque militar del Temple se denominaba precisamente en la Regla templaria "convento".

Juanjo me comentó que había visitado Athos diez veces. ¿Qué hace de Athos un lugar especial? Por un lado, la búsqueda de espiritualidad que alguno, en mayor o menor medida, anhela en algún momento de su vida. El autor del en mi opinión mejor libro sobre Athos, Graham Speake, se acabó convirtiendo a la ortodoxia tras sus estancias en Athos. El higúmeno de Hilandar decidió muy joven su vocación de monje, vocación que mantuvo a pesar de estudiar ingeniería en un mundo secularizado. El joven monje intérprete serbio al que aludimos al principio decidió su destino tras pasar unos años de camarero en Ibiza. Quizás el exceso de voluptuosidad le generó la necesidad de dar un giro contrario en su vida. Candioti entrevista a un monje griego en 1935, que había sido corredor de apuestas en Buenos Aires antes de sentir su vocación. Afirmaba: "Ahora, la *Panagia* me hará ganar la gran carrera… ¡la del Cielo!"[6].

La espiritualidad en Athos se combina con las descritas largas ceremonias religiosas, envueltas en el misterio. Misterio por la disposición de los templos, por los cánticos profundos que emanan de los monjes. Por los antiquísimos ritos que se llevan a cabo bajo la mirada de también riquísimas pinturas que impregnan los muros.

La vida monacal, como estilo de vida algo más comunitario que la eremítica, está marcada por una paradoja: los monjes observan voto de pobreza, lo que en la práctica les priva de ingresos, pero también les aleja de las necesidades. Todos conocemos el refrán español que dice que no es rico el que mucho tiene, sino el que poco necesita. Siempre sorprende, tras entrevistar a un número de monjes, que ninguno te pregunta por las noticias del mundo exterior. Puede parecernos paradójico para una sociedad como la nuestra, o puede que no necesiten saber del mundo que les rodea, lo que les aleja de preocupaciones y necesidades, lo entendamos mejor o peor.

El poner tu trabajo en común con una comunidad y vivir austeramente de lo que dicha comunidad genera supone un gran contraste con nuestras vidas. Hace años escribí un libro sobre los elementos que,

---

[6] Candioti, p. 431.

según la econometría, explicaban la felicidad de los seres humanos. Los seis factores que más felicidad generaban eran la renta, la salud, el apoyo social (amigos y familia), la libertad para tomar decisiones, la confianza en los demás y la solidaridad. Los tres que más la evitaban eran la comparación, la adaptación hedónica (acostumbrarse a un mejor nivel de vida demasiado pronto) y las expectativas demasiado elevadas.

Analizando la vida de los monjes de Athos y contrastándola con estos econométricos parámetros podemos encontrar alguna idea sorprendente. La renta es una fuente de felicidad (sobre todo cuando se sale de la pobreza) pero solo hasta un punto, a partir del cual la progresión es mucho más pequeña. En la medida en la que nos comparemos con otras personas con renta superior podremos sufrir con las comparaciones, con independencia de que trabajemos y ganemos más. Este maleficio, denominado en psicología "carrera de ratas" se puede romper bajo una disciplina monástica que proporciona lo necesario para vivir y aleja preocupaciones y comparaciones. Los monjes de Athos viven más años de media que otras personas, y en mejores condiciones de salud. Como hemos expuesto, la dieta de Athos podría explicar este factor.

El apoyo de familia y amigos aquí viene a ser substituido por el apoyo de los hermanos de la comunidad, que cuidan de ti cuando estás enfermo y necesitas atención. Los monjes son libres de tomar la decisión de seguir o no seguir en el convento, y quizás una vida en la que es elimina la comparación, las expectativas y la adaptación es una vida en la que se puede entender la libertad de una forma particularmente original.

En nuestras sociedades occidentales la confianza en los demás se ha reducido durante los últimos 50-60 años por factores muy complejos. En general, el porcentaje de gente que afirma "confiar en su gobierno y en sus empresas" cada vez es menor (con la honrosa excepción de los ciudadanos nórdicos), algo que también afecta negativamente a la felicidad. En Athos la situación parece ser la opuesta, quizás porque cuando más pequeña y homogénea sea una comunidad más fácil es sentir confianza hacia ella, algo que podría ser un vestigio de nuestros orígenes tribales. La solidaridad con los demás es otra práctica interesante, en la medida que los peregrinos son siempre acogidos por los monjes de una forma gratuita. Es cierto que la regla de San Benito, y por extensión la de San Atanasio, impone el *ora et labora*, y que fueron más adelante las órdenes mendicantes como la de los franciscanos o los dominicos, la que impusieron el trabajo solidario a pie de calle, testigo que también tomaron los jesuitas, llamando a ser "contemplativos en la acción". En cualquier caso, los monjes de Athos piensan que, manteniendo el equilibrio entre oración, trabajo y la solidaridad que supone el dar de comer y de dormir a los peregrinos están cumpliendo un sagrado mandato solidario.

Cuando se visitan antiguas ermitas que posteriormente se convirtieron en pequeños monasterios, como la de San Frutos en el Río Duratón, cerca de Sepúlveda, sus ubicaciones suelen figurar en sitios extremadamente bellos, quizás cumpliendo así la función de permitir a un monje estar más cerca de Dios. Athos también cumple esta función, ya que la hermosura de su arquitectura medieval se funde con el esplendor de los bosques y vegetaciones que bordean Athos hasta las impactantes aguas del mejor Mediterráneo. Los misterios y el atractivo de Athos se hacen mayores contemplados con la luz que irradia su hermosa naturaleza.

Finalmente, la tradición milenaria que impregna a la montaña sagrada, su estilo de vida mantenido a través de generaciones convierte a Athos en un lugar magnético. Hablamos de un lugar donde el estilo de vida apenas ha cambiado durante más de 1.000 años. Nuestras vidas fluyen más o menos rápidas ante múltiples estímulos, preocupaciones, sorpresas… en poco se parecen a la que llevaron nuestros abuelos hace unas décadas. En general se puede afirmar a tenor de los datos que se van publicando que los seres humanos son hoy más felices que hace setenta años, pero siempre sentimos una nostalgia por un pasado que nuestro yo más íntimo lo juzga como "mejor". Fue Gibbon quien, en su obra *Auge y caída del Imperio Romano* afirma en 1776 "todos se quejan de que el pasado fue mejor". Aunque los datos nos demuestren lo contrario, ese anhelo no desaparece, y quizás eclosione en nuestro interior cuando, fundido con la naturaleza, el misterio y el misticismo exploten en nuestro interior en una visita al monte mágico de Athos.

Bibliografía

BATUTTA, Ibn (2005). *A través del Islam*. Alianza Editorial.
BONET, Jorge (2005). "El estatuto especial del monte Athos". *UNED*.
BYRON, Robert (1949). *The Station*. John Lehman.
CAMPBELL (2018). *Las máscaras de Dios*. Atalanta.
CANDIOTI, Alberto M (1935). "Viaje al Monte Athos" (conferencia), Universidad de Rosario.
DEZCALLAR, Jorge (2018). *El anticuario de Teherán*. Península.
GARCÍA DE SALINERO, Fernando (ed.) (1985), *Viaje a Turquía*. Cátedra.
GIL, Juan, ed. (2005). *En demanda del gran Kan*. Alianza.
GRAEBER, WENGROW (2022). *The dawn of everything*. Penguin.
HANSON, V. (2004), *Matanza y Cultura*. Turner.
HERÓDOTO (2014), *Los nueve libros de la historia*. Edaf.
HOLLAND (2009). *Millenium. The End of the World and the Forging of Christendom*. Abacus.
LUNA SALAS, Fernando (2011). "La comunidad monástica del monte Athos". *Universidad de Cartagena de Indias*.
MAZOWER, M. (2021) *The Greek Revolution*, 2021. Penguin.
MELCHIOR Y STRÁJOV (2007). *Dos viajes al monte Athos*. El Acantilado.
OSTROGORSKY. (1984). *Historia del estado bizantino*. Akal.
PAUVOLIC-SAMUROVIC, Ljiljana (2000). "Lo documental y lo ficcional en la descripción del Monte Athos en el Viaje a Turquía (1558)".

Revista de estudios lingüísticos, literarios, históricos y antropológicos, ISSN 1507-7241, Vol. 3, N°. 1 (Memorias del Simposio Internacional 8-10 de octubre de 1997), 2000, págs. 65-77.

RUNCIMAN, David (2006). *La caída de Constantinopla.* Reino de Redonda.

SPEAKE, Graham (2002). *Renewal in Paradise.* Yale University.

TUCÍDIDES, (2013), *Historia de las Guerras del Peloponeso.* Crítica.